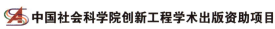中国社会科学院创新工程学术出版资助项目

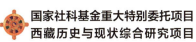国家社科基金重大特别委托项目
西藏历史与现状综合研究项目

中国社会科学院创新工程学术出版资助项目

国家社科基金重大特别委托项目
西藏历史与现状综合研究项目

# 西藏农牧区妇女教育现状
# 分析与对策思考

嘎强琼达　著

社会科学文献出版社
SOCIAL SCIENCES ACADEMIC PRESS (CHINA)

课题组成员　索朗仁青　旺　宗　央　珍
　　　　　　土登次仁　孙青刚　李华兴

# 总　序

郝时远

　　中国的西藏自治区，是青藏高原的主体部分，是一个自然地理、人文社会极具特色的地区。雪域高原、藏传佛教彰显了这种特色的基本格调。西藏地区平均海拔 4000 米，是人类生活距离太阳最近的地方；藏传佛教集中体现了西藏地域文化的历史特点，宗教典籍中所包含的历史、语言、天文、数理、哲学、医学、建筑、绘画、工艺等知识体系之丰富，超过了任何其他宗教的知识积累，对社会生活的渗透和影响十分广泛。因此，具有国际性的藏学研究离不开西藏地区的历史和现实，中国理所当然是藏学研究的故乡。

　　藏学研究的历史通常被推溯到 17 世纪西方传教士对西藏地区的记载，其实这是一种误解。事实上，从公元 7 世纪藏文的创制，并以藏文追溯世代口传的历史、翻译佛教典籍、记载社会生活的现实，就是藏学研究的开端。同一时代汉文典籍有关吐蕃的历史、政治、经济、文化、社会生活及其与中原王朝互动关系的记录，就是中国藏学研究的本土基础。现代学术研究体系中的藏学，如同汉学、东方学、蒙古学等国际性的学问一样，曾深受西学理论和方法的影响。但是，西学对中国的研究也只能建立在中国历史资料和学术资源基础之上，因为这些历史资料、学术资源中所蕴含的不仅是史实，而且包括了古代记录者、撰著者所依据的资料、分析、解读和观念。因此，中国现代藏学研究的发展，不仅需要参考、借鉴和吸收西学的成就，而且必须立足本土的传统，光大中国藏学研究的中国特色。

作为一门学问，藏学是一个综合性的学术研究领域，"西藏历史与现状综合研究项目"即是立足藏学研究综合性特点的国家社会科学基金重大特别委托项目。自2009年"西藏历史与现状综合研究项目"启动以来，中国社会科学院建立了项目领导小组，组成了专家委员会，制定了《"西藏历史与现状综合研究项目"管理办法》，采取发布年度课题指南和委托的方式，面向全国进行招标申报。几年来，根据年度发布的项目指南，通过专家初审、专家委员会评审的工作机制，逐年批准了一百多项课题，约占申报量的十分之一。这些项目的成果形式主要为学术专著、档案整理、文献翻译、研究报告、学术论文等。

承担这些课题的主持人，既包括长期从事藏学研究的知名学者，也包括致力于从事这方面研究的后生晚辈，他们的学科背景十分多样，包括历史学、政治学、经济学、民族学、人类学、宗教学、社会学、法学、语言学、生态学、心理学、医学、教育学、农学、地理学和国际关系研究等诸多学科，分布于全国23个省、自治区、直辖市的各类科学研究机构、高等院校。专家委员会在坚持以选题、论证等质量入选原则的基础上，对西藏自治区、青海、四川、甘肃、云南这些藏族聚居地区的学者和研究机构，给予了一定程度的支持。这些地区的科学研究机构、高等院校大都具有藏学研究的实体、团队，是研究西藏历史与现实的重要力量。

"西藏历史与现状综合研究项目"具有时空跨度大、内容覆盖广的特点。在历史研究方面，以断代、区域、专题为主，其中包括一些历史档案的整理，突出了古代西藏与中原地区的政治、经济和文化交流关系；在宗教研究方面，以藏传佛教的政教合一制度及其影响、寺规戒律与寺庙管理、僧人行止和社会责任为重点，突出了藏传佛教与构建和谐社会的关系；在现实研究方面，则涉及政治、经济、文化、社会和生态环境等诸多领域，突出了跨越式发展和长治久安的主题。

在平均海拔 4000 米的雪域高原，实现现代化的发展，是中国改革开放以来推进经济社会发展的重大难题之一，也是没有国际经验可资借鉴的中国实践，其开创性自不待言。同时，以西藏自治区现代化为主题的经济社会发展，不仅面对地理、气候、环境、经济基础、文化特点、社会结构等特殊性，而且面对境外达赖集团和西方一些所谓"援藏"势力制造的"西藏问题"。因此，这一项目的实施也必然包括针对这方面的研究选题。

所谓"西藏问题"是近代大英帝国侵略中国、图谋将西藏地区纳入其殖民统治而制造的一个历史伪案，流毒甚广。虽然在一个世纪之后，英国官方承认以往对中国西藏的政策是"时代错误"，但是西方国家纵容十四世达赖喇嘛四处游说这种"时代错误"的国际环境并未改变。作为"时代错误"的核心内容，即英国殖民势力图谋独占西藏地区，伪造了一个具有"现代国家"特征的"香格里拉"神话，使旧西藏的"人间天堂"印象在西方社会大行其道，并且作为历史参照物来指责1959年西藏地区的民主改革、诋毁新西藏日新月异的现实发展。以致从17世纪到20世纪上半叶，众多西方人（包括英国人）对旧西藏黑暗、愚昧、肮脏、落后、残酷的大量实地记录，在今天的西方社会舆论中变成讳莫如深的话题，进而造成广泛的"集体失忆"现象。

这种外部环境，始终是十四世达赖喇嘛及其集团势力炒作"西藏问题"和分裂中国的动力。自20世纪80年代末以来，随着苏联国家裂变的进程，达赖集团在西方势力的支持下展开了持续不断、无孔不入的分裂活动。达赖喇嘛以其政教合一的身份，一方面在国际社会中扮演"非暴力"的"和平使者"，另一方面则挑起中国西藏等地区的社会骚乱、街头暴力等分裂活动。2008年，达赖集团针对中国举办奥运会而组织的大规模破坏活动，在境外形成了抢夺奥运火炬、冲击中国大使馆的恶劣暴行，在境内制造了打、砸、烧、杀的严重罪行，其目的就是要使所谓"西藏问题"弄假成真。而一些西方国家对此视而不见，则大都出于"乐观其成"的"西化""分化"中国的战略意图。其根本原因在于，中国的经济社会发展蒸蒸日上，西藏自治区的现代化进程不断加快，正在彰显中国特色社会主义制度的优越性，而西方世界不能接受中国特色社会主义取得成功，达赖喇嘛不能接受西藏地区彻底铲除政教合一封建农奴制度残存的历史影响。

在美国等西方国家的政治和社会舆论中，有关中国的议题不少，其中所谓"西藏问题"是重点之一。一些西方首脑和政要时不时以会见达赖喇嘛等方式，来表达他们对"西藏问题"的关注，显示其捍卫"人权"的高尚道义。其实，当"西藏问题"成为这些国家政党竞争、舆论炒作的工具性议题后，通过会见达赖喇嘛来向中国施加压力，已经成为西方政治作茧自缚的梦魇。实践证明，只要在事实上固守"时代错误"，所谓"西藏问题"的国际化只能导致搬石砸脚的后果。对中国而言，内因是变化的依据，外因是变化的条件这一哲学原理没有改变，推进"中国特色、西藏特点"现代化建设的时间表是由中国确定的，中国具备抵御任何外部势力破坏国家统一、民族团结、社会稳定的能力。从这个意义上说，本项目的实施不仅关注了国际事务中的涉藏斗争问题，而且尤其重视西藏经济社会跨越式发展和长治久安的议题。

在"西藏历史与现状综合研究项目"的实施进程中，贯彻中央第五次西藏工作座谈会的精神，落实国家和西藏自治区"十二五"规划的发展要求，是课题立项的重要指向。"中国特色、西藏特点"的发展战略，无论在理论上还是在实践中，都是一个现在进行时的过程。如何把西藏地区建设成为中国"重要的国家安全屏障、重要的生态安全屏障、重要的战略资源储备基地、重要的高原特色农产品基地、重要的中华民族特色文化保护地、重要的世界旅游目的地"，不仅需要脚踏实地地践行发展，而且需要科学研究的智力支持。在这方面，本项目设立了一系列相关的研究课题，诸如西藏跨越式发展目标评估，西藏民生改善的目标与政策，西藏基本公共服务及其管理能力，西藏特色经济发展与发展潜力，西藏交通运输业的发展与国内外贸易，西藏小城镇建设与发展，西藏人口较少民族及其跨越式发展等研究方向，分解出诸多的专题性研究课题。

注重和鼓励调查研究，是实施"西藏历史与现状综合研究项目"的基本原则。对西藏等地区经济社会发展的研究，涉面甚广，特别是涉及农村、牧区、城镇社区的研究，都需要开展深入的实地调查，课题指南强调实证、课题设计要求具体，也成为这类课题立项的基本条件。在这方面，我们设计了回访性的调查研究项目，即在 20 世纪五六十年代开展的藏区调查基础上，进行经济社会发展变迁的回访性调查，以展现半个多世纪以来这些微观社区的变化。这些现实性的课题，广泛地关注了经济社会的各个领域，其中包括人口、妇女、教育、就业、医疗、社会保障等民生改善问题，宗教信仰、语言文字、传统技艺、风俗习惯等文化传承问题，基础设施、资源开发、农牧业、旅游业、城镇化等经济发展问题，自然保护、退耕还林、退牧还草、生态移民等生态保护问题，等等。我们期望这些陆续付梓的成果，能够从不同侧面反映西藏等地区经济社会发展的面貌，反映藏族人民生活水平不断提高的现实，体现科学研究服务于实践需求的智力支持。

如前所述，藏学研究是中国学术领域的重要组成部分，也是中华民族伟大复兴在学术事业方面的重要支点之一。"西藏历史与现状综合研究项目"的实施涉及的学科众多，它虽然以西藏等藏族聚居地区为主要研究对象，但是从学科视野方面进一步扩展了藏学研究的空间，也扩大了从事藏学研究的学术力量。但是，这一项目的实施及其推出的学术成果，只是当代中国藏学研究发展的一个加油站，它在一定程度上反映了中国藏学研究综合发展的态势，进一步加强了藏学研究服务于"中国特色、西藏特点"的发展要求。但是，我们也必须看到，在全面建成小康社会和全面深化改革的进程中，西藏实现跨越式发展和长治久安，无论是理论预期还是实际过程，都面对着诸多具有长期性、复杂性、艰巨性特点的现实问题，其中包括来自国际层面和境外达赖集团的干扰。继续深化这些问题的研究，可谓任重道远。

在"西藏历史与现状综合研究项目"进入结项和出版阶段之际，我代表"西藏历史与现状综合研究项目"专家委员会，对全国哲学社会科学规划办公室、中国社会科学院及其项目领导小组几年来给予的关心、支持和指导致以崇高的敬意！对"西藏历史与现状综合研究项目"办公室在组织实施、协调联络、监督检查、鉴定验收等方面付出的努力表示衷心的感谢！同时，承担"西藏历史与现状综合研究项目"成果出版事务的社会科学文献出版社，在课题鉴定环节即介入了这项工作，为这套研究成果的出版付出了令人感佩的努力，向他们表示诚挚的谢意！

2013 年 12 月北京

# 目 录

# 1. 总论

## 1.1  项目背景及来源

西藏妇女占西藏总人口的51%，是西藏社会发展中不可忽视的一支重要力量。对西藏农牧区妇女受教育状况的考察，是我们研究西藏农牧区妇女的素质和地位，更好地发挥她们在社会发展中作用的重要方面。西藏农牧区妇女受教育状况的改善是提高西藏人口素质的关键因素，因此，我们必须大力提倡和重视西藏农牧区妇女教育，以利于西藏妇女整体作用得到更好发挥。

本项目旨在通过对西藏农牧区妇女教育状况进行抽样调查，准确把握农牧区妇女的受教育现状，把握农牧区妇女教育的发展途径，为政府相关部门决策提供参考。2011年5~10月，项目组在西藏拉萨、日喀则、山南、那曲等周边农牧区对妇女进行了探访及入户问卷调查。在调查过程中，项目组成员指导调查对象就问卷内容进行填写，经过对问卷的回收、整理，共得到有效问卷945份，这945名农牧区妇女的年龄在15~60岁。调查问卷包括被调查妇女基本情况、家庭基本情况、健康教育的需求、接受教育培训的需求共四个方面的内容。同时项目组通过进行专家咨询、深度访谈、到相关部门了解情况、收集资料等，为进一步了解和掌握西藏农牧区妇女的各种教育培训需求情况，并为今后开展项目工作提供科学资料和依据。

## 1.2　研究的科学价值和意义

　　西藏农牧区妇女在西藏社会发展中起着举足轻重的作用，她们的受教育程度和素质高低在很大程度上影响着西藏的未来。尽管妇女地位相对旧社会已经有了翻天覆地的变化，但是由于受传统观念的约束，农牧区妇女的家庭、社会地位普遍较低。针对这一点，应加强对农牧区妇女的教育，提高其整体素质。只有根据她们的生理、心理特点及其所处环境，抓住积极因素，找出教育的最佳途径，才能收到良好效果。当前在新农村建设的伟大征程中，为了使西藏农牧区妇女获得彻底解放和全面发展，开展这一课题的研究便显得十分迫切和必要。

　　目前，亟待研究和解决的是西藏农牧区妇女的教育问题，尤其是需要结合西藏经济的发展和社会的长治久安，研究西藏农牧区妇女教育现状、趋势和引导解决的途径。发展女性教育，提升农牧区妇女自身的文化素质具有长久和深远的现实意义，积极开发西藏女性教育资源势在必行。课题通过比较、借鉴国内外的研究状况及实践，并通过入户问卷调查、案头分析与深度访谈等搜集了大量资料，有利于分析把握西藏农牧区妇女教育的现状、发展趋势以及农牧区妇女教育对西藏社会（包括对农牧区家庭）的影响；有益于探求提升农牧区妇女教育的宣传力度的手段，实现农牧区妇女教育的跨越式发展。

## 1.3　项目主要研究内容和目标完成情况

　　西藏的教育事业确实取得了长足的进步，然而西藏现代教育的基础薄弱，即使有如今的发展也很难跟上全国的平均水平，农牧区妇女的受教育状况和社会文化发展水平仍然不同程度地受种种因素的影响，总体水平不高。因此，本课题针对西藏妇女教育问题，尤其是西藏农牧区妇女教育问题，结合西藏经济的发展和社会的长治久安，进一步调查研究、分析西藏农牧区妇女教育现状及趋势，积极寻求建立和谐社会关系的途径，并提出一些政策决策依据和建议。只有提高农牧区妇女文化素质，深化体制改革，构建农牧区妇女教育和培训创新体系，才能使西藏农牧区妇女获得生存保障、发展保障和享受保障。

本课题所取得的研究成果概括为以下几个方面：第一，通过大量的资料收集和实地问卷调查，较详尽、系统地了解了西藏农牧区妇女目前的教育状况，为我们今后正确地认识西藏农牧区妇女受教育状况提供了科学依据；第二，经过认真的研究分析，对当前西藏农牧区妇女教育的主要特点进行了归纳与阐述，并发现了一系列经存在的问题；第三，就西藏农牧区妇女已存在的问题提出了较为具体的解决措施，并就农牧区妇女教育发展的趋势做了相应的预测，对如何发展农牧区妇女教育提出了相应的对策和建议，以供政府有关决策部门参考应用。

完成工作情况如下。

第一阶段（2010 年 9 月至 2011 年 1 月）的工作主要是进行资料的收集。

第二阶段（2011 年 2 月至 2011 年 4 月）的工作是进一步通过专家咨询获取重要的有关西藏妇女教育历史资料，分析新旧两个社会西藏农牧区妇女教育地位的变迁及其对西藏社会的重大影响。

第三阶段（2011 年 5 月至 2011 年 10 月）的主要工作是实施实地探访及入户问卷调查。

第四阶段（2011 年 11 月至 2012 年 5 月）是统计数据与分析资

料的撰稿阶段。

教育部重点项目"西藏妇女问题"的研究，开拓了我们的思路，给了我们一定的启发和鼓舞，在本次项目工作实施过程中使我们确立了明确的目标及方向。同时，我们也得到了相关部门的大力支持和帮助，加之项目组所有成员的大力协助以及无私的团队精神，使此次项目顺利完成。在此一并感谢大家！

# 2. 西藏农牧区妇女教育现状 调查及原因分析

## 2.1 引言

　　教育是赋予妇女以充分参与发展进程所需的知识、技能和自信心的最重要的手段之一。女性教育是指一切与女性（包括女童）有关的教育；也指以女性为主体的教育。世界银行在1991年的发展报告中指出："女性教育是经济和社会发展的关键之一。"联合国统计资料也证明："妇女教育如果无法提到接近男子教育水平的程度，由于提高男子的教育水平而取得的社会效益就会被抵消掉。"近年来世界各国越来越重视妇女教育问题，第四次世界妇女大会通过的《北京宣言》和《行动纲领》，郑重提出了提高妇女地位的战略目标和应采取的措施，强调指出："教育是实现平等、发展与和平目标的一个重要工具。"① 我国是一个人口众多、民族复杂的国家，在国家实施"西部大开发"战略的今天，西部居民教育素质低下已经严重制约了区域经济开发的力度和深度，尤其是西藏农牧区，成年女性文盲率高，很多农牧区女

---

① 刘喜云：《关于加强女性教育的几个问题》，《甘肃社会科学》1997年第5期。

性求知欲望相对较低。就当今整个西藏自治区的教育状况而言，由于受社会历史、自然条件两大特殊因素的制约，西藏教育在全国的教育发展中相对较慢，2002年只有8个县实现"两基"。经过艰苦努力，西藏于2003年成立"两基"攻坚领导小组，2007年全面实现"普六"目标，2008年全面实现"扫盲"目标，2009年全面实现"普九"目标。上述工作体现了西藏的教育事业确实取得了长足的进步，然而西藏现代教育的基础薄弱，即使有如今的发展也很难跟上全国的平均水平。此次调查拟就西藏农牧区妇女教育状况、接受教育的影响因素、发展农牧区妇女教育的对策等问题，做一些探讨，谨供社会与决策机构参考。

调查于2011年5月至10月在西藏中西部四个地区进行，分别对拉萨市的堆龙德庆区、墨竹工卡县、城关区娘热乡，日喀则地区的江孜县、南木林县、边雄乡，山南地区的乃东区、贡嘎县、浪卡子县，那曲地区的那曲县和那曲镇等十多个地方进行了入户问卷调查；调查对象为15岁及以上女性；调查项目主要涉及的内容为四大类，分别是调查对象基本情况、家庭基本状况、健康教育的需求、接受教育培训的需求，具有一定的代表性。共发放问卷1500份，除去无效问卷和回收不足因素，最后回收并录入有效问卷945份。通过运用SPSS和Excel进行数据统计分析，集中地显示了西藏农牧区妇女的发展状况及教育需求等方面的信息。我们本着尊重客观、实事求是的态度，运用这些基础数据研究和撰写调查报告。此次调查目的在于了解现状和存在的问题，以便探索未来西藏农牧区妇女教育发展的改善途径。

## 2.2 西藏农牧区妇女教育现状分析

西藏农牧区妇女在经济、能力和权利上都处于弱势地位，受教育程度低、专业技能差、素质低已成为她们就业的瓶颈，制约、阻碍了她们的发展与就业。

### 2.2.1 被调查妇女的基本情况

本次受调查的 945 名农牧区妇女中，各种项目所占比例如表 2 - 1 所示。

表 2 - 1 西藏农牧区被调查妇女基本情况

| 项目 | 名称类别 | 比例（%） |
| --- | --- | --- |
| 年龄 | 50 岁以上 | 8.2 |
| | 36 ~ 50 岁 | 35.7 |
| | 26 ~ 35 岁 | 26.0 |
| | 19 ~ 25 岁 | 13.3 |
| | 15 ~ 18 岁 | 16.8 |
| 户籍所在地 | 日喀则 | 36.7 |
| | 山南 | 33.4 |
| | 拉萨 | 19.5 |
| | 那曲 | 10.3 |
| | 其他 | 0.1 |
| 文化程度 | 没上过学 | 47.1 |
| | 初小（小学三年级及以下） | 19.3 |
| | 中小（小学四、五年级） | 7.9 |
| | 小学毕业 | 10.1 |
| | 初中 | 5.2 |
| | 高中 | 4.9 |
| | 大专 | 3.0 |
| | 本科 | 2.3 |
| | 硕士及以上 | 0.3 |

续表

| 项目 | 名称类别 | 比例（%） |
|------|---------|---------|
| 职业 | 农牧业 | 65.7 |
| | 商业服务人员 | 7.2 |
| | 全职家庭主妇 | 5.2 |
| | 学生 | 4.4 |
| | 专业技术人员 | 3.3 |
| | 自由职业 | 2.2 |
| | 企业管理人员 | 1.8 |
| | 党政机关人员 | 1.0 |
| | 离退休人员 | 0.8 |
| | 失业 | 0.3 |
| | 其他 | 1.5 |
| 婚姻状况 | 已婚 | 75.7 |
| | 未婚 | 13.2 |
| | 离婚或丧偶 | 9.0 |
| | 再婚 | 1.8 |
| | 其他 | 0.3 |
| 拥有孩子数量 | 3 个及以上 | 42.1 |
| | 2 个 | 39.9 |
| | 1 个 | 18.0 |

　　表 2-1 显示，占比最大的年龄段为 36～50 岁；在"文化程度"调查中，没上过学的比例最高；"职业"中以农牧业为主的比例最高；"婚姻状况"方面已婚比例最高，"拥有 3 个及以上孩子"的比例较高。这些数据均说明在西藏农牧区中青年妇女大部分都是以家庭为主，这使她们失去了更多接受教育的机会，导致她们的文化层次普遍较低，甚至还有很多没有上过学，这将直接影响她们对下一代的家庭教育，甚至对社会发展造成一定的制约。

### 2.2.2 家庭基本状况

此次调查，基于对不同文化层次、年龄的被调查农牧区妇女填答数据的分析，试图从家庭经济状况、家庭生活状况两个方面，描述农牧区妇女家庭的整体特性。

（1）家庭经济状况

对农牧区妇女家庭经济状况的调查，主要涉及家庭主要收入来源、家庭年平均收入、家庭经济主管等方面。

① 家庭主要收入来源

如表 2-2 所示，所列的五项收入来源中，"农产品"在农牧区家庭的收入来源中，相对比重占第一位；外出打工居第二位，说明本地就业机会不足，也表明外出务工已经成为当地农牧民通行的一种增收选择；畜产品占第三位，所占比例为 7.2%，主要是因为西藏中部很多地区的农牧民是以农牧业结合的形式生存，也就是以半农半牧为主，当地草场规模相对较小、生态环境比较脆弱、季节性较强等因素制约了畜牧业的发展；本乡镇给别人打工的只占 4.9%，这说明当地附近很少有就业的机会，主要原因就是西藏很多农牧区位置偏僻、自然条件差等。

表 2-2　家庭收入来源

| 项目 | 频率（人次） | 有效百分比（%） | 累计百分比（%） |
|---|---|---|---|
| 农产品 | 534 | 56.5 | 56.5 |
| 畜产品 | 68 | 7.2 | 63.7 |
| 本乡镇给别人打工 | 46 | 4.9 | 68.6 |
| 外出打工 | 213 | 22.5 | 91.1 |
| 其他 | 84 | 8.9 | 100.0 |
| 合计 | 945 | 100.0 | |

② 家庭年平均收入

如表 2-3 所示，所列的五项年收入额度中，8000 元所占的比例最高，其次是 5000 元，1 万 ~2 万元的比例占 24.9%，2 万元以上的只占总数的 0.4%，3000 元以下的占 19.7%，这说明农牧区妇女家庭经济状况不容乐观，收入来源不足，导致年末常出现欠债情况等。同时，调查组在此次调查中对一些比较典型的家庭进行了随机访谈。据一些家庭主妇透露，由于家里孩子较多，劳动力不足，没有足够的经济收入，加上供孩子上学、盖房子、支付医疗费以及购买农具等，年末常常欠债。

表 2-3　家庭年平均收入

| 项目 | 频率（人次） | 有效百分比（%） | 累计百分比（%） |
| --- | --- | --- | --- |
| 3000 元以下 | 186 | 19.7 | 19.7 |
| 3000 ~5000 元 | 244 | 25.8 | 45.6 |
| 5000 ~8000 元 | 275 | 29.1 | 74.7 |
| 1 万 ~2 万元 | 235 | 24.9 | 99.6 |
| 2 万元以上 | 4 | 0.4 | 100.0 |
| 合计 | 944 | 100.0 | |
| 缺失 | 1 | | |
| 合计 | 945 | | |

③ 家庭经济支柱

在调查中，大部分农牧区妇女认为挣钱主力是丈夫，这说明农牧区妇女对丈夫的依赖性比较强；也有一部分妇女认为夫妻同为经济支柱；选择其他的占 30.3%。据了解，选择其他的主要是指子女，西藏农牧区妇女成家一般都比较早，到 40 岁左右子女都已成人，完全可以作为家庭的经济主力（见表 2-4）。

表 2 – 4　家庭经济支柱

| 项目 | 频率（人次） | 有效百分比（%） | 累计百分比（%） |
|---|---|---|---|
| 本人 | 120 | 12.7 | 12.7 |
| 丈夫 | 318 | 33.7 | 46.4 |
| 夫妻同为经济支柱 | 219 | 23.2 | 69.6 |
| 其他 | 286 | 30.3 | 99.6 |
| 合计 | 943 | 100.0 | |
| 缺失 | 2 | | |
| 合计 | 945 | | |

④ 家庭的经济主管

对于家庭的经济开支主要由谁来管的问题，如表 2-5 所示，回答"丈夫主管"的相对比重占总数的第一位，从中体现了农牧区家庭经济生活中妇女的地位；"本人主管"和"夫妻一起管"分别占 21.5% 和 17.5%，这又从另一个侧面显示西藏农牧区妇女家庭地位的变迁。

表 2 – 5　家庭经济主管

| 项目 | 频率（人次） | 有效百分比（%） | 累计百分比（%） |
|---|---|---|---|
| 本人 | 203 | 21.5 | 21.5 |
| 丈夫 | 383 | 40.7 | 62.2 |
| 夫妻一起管 | 165 | 17.5 | 79.7 |
| 其他 | 191 | 20.3 | 100.0 |
| 合计 | 942 | 100.0 | |
| 缺失 | 3 | | |
| 合计 | 945 | | |

⑤ 家庭中的生产决策权

调查发现，关于家庭生产的所有重要决策，数据显示（见表

2-6），虽然"丈夫决定"占的比重最高，但是"夫妻一起决定"占的比重同"丈夫决定"占的比重只相差1.2个百分点，这显然说明当前西藏农牧区妇女家庭地位在不断地发生变化。

表2-6　家庭中的生产决策权

| 项目 | 频率（人次） | 有效百分比（%） | 累计百分比（%） |
| --- | --- | --- | --- |
| 本人 | 160 | 16.9 | 16.9 |
| 丈夫 | 286 | 30.3 | 47.2 |
| 夫妻一起决定 | 275 | 29.1 | 76.4 |
| 其他 | 223 | 23.6 | 100.0 |
| 合计 | 944 | 100.0 | |
| 缺失 | 1 | | |
| 合计 | 945 | | |

（2）家庭生活状况

关于农牧区妇女家庭生活状况的调查，主要涉及家庭生活条件、家务劳动分工、闲暇时间支配等方面。

① 承担家务的主要人员

在调查"承担家务的主要人员"时，表2-7数据显示，"本人"占最大的比重，这说明在西藏尤其是农牧区，与传统的家庭分工关系密切，一般情况下女主内、男主外的现象较多。

表2-7　承担家务的主要人员

| 项目 | 频率（人次） | 有效百分比（%） | 累计百分比（%） |
| --- | --- | --- | --- |
| 本人 | 519 | 55.0 | 55.0 |
| 丈夫 | 41 | 4.3 | 59.4 |
| 夫妻一起干 | 185 | 19.6 | 79.0 |
| 其他 | 198 | 21.0 | 100.0 |

续表

| 项目 | 频率（人次） | 有效百分比（%） | 累计百分比（%） |
|---|---|---|---|
| 合计 | 943 | 100.0 | |
| 缺失 | 2 | | |
| 合计 | 945 | | |

② 承担农牧活的主要人员

在调查"承担农牧活的主要人员"时，表2-8数据显示，"夫妻共同承担"占最大的比重，另外"其他"选项的比重也较高。如前所述，"其他"多数指"子女"，在农牧区除了夫妻共同承担农牧活之外，子女通常承担家里的农牧活，比如在农牧区9岁左右的小孩就去放牧，影响了学习。在西藏农牧区，放牧是重要的生产活动，放牧的劳动强度不高，适于少年儿童。在农牧区，孩子们一般在八九岁，有的甚至六七岁就开始放牧，特别是在春播、秋收季节，大人因忙于农活，放牧就主要靠少年儿童。在农牧区，有的小孩甚至在十来岁就帮助家里干农活。

表2-8　承担农牧活的主要人员

| 项目 | 频率（人次） | 有效百分比（%） | 累计百分比（%） |
|---|---|---|---|
| 本人 | 141 | 15.0 | 15.0 |
| 丈夫 | 139 | 14.8 | 29.7 |
| 夫妻共同承担 | 346 | 36.8 | 66.5 |
| 其他 | 315 | 33.4 | 100.0 |
| 合计 | 941 | 100.0 | |
| 缺失 | 4 | | |
| 合计 | 945 | | |

③ 有几个上学的孩子

在调查"拥有几个孩子"时，回答"三个及以上孩子"的比重最高；如表2－9所示，在此次调查"有几个上学的孩子"中，回答"只有一个在读子女"的农牧区家庭的相对比重居第一位。根据探访口述得知，很多农牧区家庭，认为子女上学读书没有多大用处，等到九年义务教育结束，一旦中考落榜，再回到家时所有农牧活都忘掉了，还不如趁早辍学回家等。可见，农牧区家庭对子女的教育问题很不重视。

表 2 –9　有几个上学的孩子

| 项目 | 频率（人次） | 有效百分比（%） | 累计百分比（%） |
|---|---|---|---|
| 一个 | 400 | 51.9 | 15.0 |
| 两个 | 286 | 37.1 | 29.7 |
| 三个 | 65 | 8.4 | 66.5 |
| 四个 | 20 | 2.6 | 100.0 |
| 合计 | 771 | 100.0 | |
| 缺失 | 174 | | |
| 合计 | 945 | | |

④ 闲暇时你都做些什么

闲暇时间如何利用，是反映农牧区妇女生活质量的一个方面。表2－10数据显示，被调查的妇女中有54.5%的人闲暇时"做家务"（包括传统手工纺织业），第二位"看电视"的占20.5%，第三位"聊天"的占15.9%。数据表明，农牧区妇女往往把家务劳动看成没事以后的休闲活动，从一个侧面反映了农牧区妇女的习惯性辛劳；条件较好的地方，妇女没事的时候就看看电视，很多偏僻的农牧区没有通电，这些地方无法看电视；此外，"聊天"是农牧区妇女休闲时最传统的方式，通常有很多妇女在没事的时候到邻居家去找人聊天，即使在路上偶然碰见也要聊一阵子。这些数据说明西藏农牧区妇女休闲、娱乐生活方式相对较匮乏，文化层次低，加上自然环境差等因素，导致农牧区妇女闲暇活动非常单调。

表 2 - 10　闲暇时都做些什么

| 项目 | 频率（人次） | 有效百分比（%） | 累计百分比（%） |
|---|---|---|---|
| 看电视 | 193 | 20.5 | 20.5 |
| 做家务 | 513 | 54.5 | 74.9 |
| 看书报 | 31 | 3.3 | 78.2 |
| 聊天 | 150 | 15.9 | 94.2 |
| 其他 | 55 | 5.8 | 100.0 |
| 合计 | 942 | 100.0 | |
| 缺失 | 3 | | |
| 合计 | 945 | | |

### 2.2.3　健康教育的需求

　　妇女作为社会的一个重要组成部分，在社会中已经越来越多地显现出其重要性。如果说人类的健康是人类可持续发展问题的关键，那么妇女的健康就是决定人类健康的关键。

　　（1）对是否需要体检的认识

　　通过此次深度访谈及开放式问卷调查，对西藏农牧区妇女进行健康教育需求调查（见表 2 - 11）。当回答是否需要体检时，47.4%的妇女认为需要体检；35.2%的妇女认为不需要体检；9.3%的妇女认为很需要体检；8.1%的妇女认为不清楚。其中需要体检的主要原因分别有几种：想了解自己的体质、身体好才能好好工作、对身体有好处、健康很重要、对自身健康的重视等；不需要体检的主要原因：最近体检过、因为没有大病、小病吃药就可以、不想给家里人添麻烦、年纪已老不想花很多钱、费用高等；很需要体检的主要原因：结婚好多年一直没怀孕、眼睛不好、关节不好、气管不好、心脏不好等，不知道体检有什么好处、需不需要体检自己不知道、到目前为止身体还不算差等。从以上分析数据可以看出，在是否需要体检的问题上，将近一半的农牧区妇女还是渴望体检的，其中少数妇女当前非常需要体检；另一些妇女觉得不需要体检，甚至有的还根本不了解体检的重要性。调查发现，有部分妇女急需体检正是因为在平常生活中她们对自己的身体不够重视，不了解体检的核心意义，当感觉到自己身体有问题时，才想起来检查。

表 2 - 11    您是否需要体检

| 项目 | 频率（人次） | 有效百分比（%） | 累计百分比（%） |
| --- | --- | --- | --- |
| 很需要 | 88 | 9.3 | 9.3 |
| 需要 | 447 | 47.4 | 56.7 |
| 不需要 | 332 | 35.2 | 91.9 |
| 不清楚 | 76 | 8.1 | 100.0 |
| 合计 | 943 | 100.0 | |
| 缺失 | 2 | | |
| 合计 | 945 | | |

（2）最近一次体检的时间及检查项目

调查显示，38.6%的妇女最近两年做过体检，25.5%的妇女两年前做过体检，从没做过体检的占35.9%。检查项目见表 2 - 12。

表 2 - 12    需要体检的主要项目

| 项目 | 频率（人次） | 有效百分比（%） | 累计百分比（%） |
| --- | --- | --- | --- |
| 内科 | 407 | 43.3 | 43.3 |
| 外科 | 116 | 12.4 | 55.7 |
| 妇科 | 240 | 25.6 | 81.3 |
| 五官科 | 81 | 8.6 | 89.9 |
| 其他 | 95 | 10.1 | 100.0 |

| 项目 | 频率（人次） | 有效百分比（%） | 累计百分比（%） |
|------|------|------|------|
| 合计 | 939 | 100.0 | |
| 缺失 | 6 | | |
| 合计 | 945 | | |

（3）对性病传播知识的认识

如表2-13所示，当被问到"您是否需要了解性病传播知识"时，5.1%回答"很需要"，41.5%回答"需要"，30.8%回答"不需要"，"不清楚"的占22.6%。根据探访得知，被调查的大部分妇女为家庭主妇，她们认为"只要不出家门，不乱搞性生活就不存在性病传染的现象"，她们以为只要自己守规矩就心安理得，从来没有意识到防治性病传染的重要性；另有一部分妇女由于为了维持家庭生活，经常外出务工，认为有必要了解和认识性病传染的知识。这体现了两种环境中妇女的生存意识，说明她们比较关心这方面知识，但是主动了解性病相关知识的农牧区妇女所占的比例又甚少。因此，要加强性病传染健康教育，不仅要重视知识的传播，而且要教育农牧区妇女形成防控性病的意识，以及积极、正确的信念与态度。对于农牧区妇女，尤其是经常外出务工的妇女而言，有必要在她们不安全的性行为方式形成以前开展预防干预活动。

表2-13　您是否需要了解性病传播知识

| 项目 | 频率（人次） | 有效百分比（%） | 累计百分比（%） |
|------|------|------|------|
| 很需要 | 48 | 5.1 | 5.1 |
| 需要 | 392 | 41.5 | 46.6 |
| 不需要 | 291 | 30.8 | 77.4 |
| 不清楚 | 214 | 22.6 | 100.0 |
| 合计 | 945 | 100.0 | |

（4）对艾滋病的认识

如表2-14所示，关于对艾滋病的认识，回答"不清楚"的占比最高（41.9%），"不是很清楚"的居第二位（25.3%），"知道一些"的居第三位（24.7%），"知道，很清楚"的只占总数的8.1%。当前全国上下都在关注的如此危险的传染病，在西藏农牧区妇女调查中占总数将近一半的妇女却不知道什么是"艾滋病"，这说明西藏农牧区妇女文化层次低，当地传播信息的渠道相对闭塞。

表 2 - 14　对艾滋病危害的认识

| 项目 | 频率（人次） | 有效百分比（%） | 累计百分比（%） |
| --- | --- | --- | --- |
| 知道一些 | 233 | 24.7 | 24.7 |
| 知道，很清楚 | 77 | 8.1 | 32.8 |
| 不是很清楚 | 239 | 25.3 | 58.1 |
| 不清楚 | 396 | 41.9 | 100.0 |
| 合计 | 945 | 100.0 | |

（5）对产前检查知识重要性的认识

对于了解产前检查知识的重要性，有49.2%的妇女认为"需要"，28.6%的妇女认为"不需要"，8.6%的妇女认为"很需要"，"不清楚"的妇女占13.7%（见表2-15）。

表 2 - 15　您需要了解产前检查的重要性吗

| 项目 | 频率（人次） | 有效百分比（%） | 累计百分比（%） |
| --- | --- | --- | --- |
| 很需要 | 81 | 8.6 | 8.6 |
| 需要 | 465 | 49.2 | 57.8 |
| 不需要 | 270 | 28.6 | 86.3 |

| 项目 | 频率（人次） | 有效百分比（%） | 累计百分比（%） |
|---|---|---|---|
| 不清楚 | 129 | 13.7 | 100.0 |
| 合计 | 945 | 100.0 | |

（6）对优生优育知识的认识

如表 2-16 所示，认为需要了解优生优育知识的妇女所占比例最高，其次是不需要了解，第三位是不清楚，仅有 8.7% 的妇女认为很需要了解。近年来，西藏许多地区将妇女卫生健康工作作为重点常抓不懈，例如山南地区曲松县，邀请各级卫生专家到县举办讲座，同时不定期组织县医疗卫生工作人员深入各乡各村，进行"关注妇女卫生健康，倡导优生优育观念"等方面的宣传，现场讲解妇女卫生健康方面的知识，使山南农区妇女的卫生健康得到了进一步的加强。

表 2-16　您需要了解优生优育知识吗

| 项目 | 频率（人次） | 有效百分比（%） | 累计百分比（%） |
|---|---|---|---|
| 很需要 | 82 | 8.7 | 8.7 |
| 需要 | 474 | 50.2 | 58.8 |
| 不需要 | 247 | 26.1 | 85.0 |
| 不清楚 | 142 | 15.0 | 100.0 |
| 合计 | 945 | | |

（7）对节育知识的了解

如表 2-17 所示，需要知道相关节育知识的妇女占 49.9%，很需要的占 9.0%，不需要的占 28.4%，不清楚的占 12.7%。在西藏的一些农牧区，由于受传统宗教文化的影响，很多妇女不愿意接受节育措施，甚至从不关心节育的意义，尤其是年龄段在 36~50 岁

19

的妇女，思想相对较保守。

表 2 - 17　您需要知道相关节育的知识吗

| 项目 | 频率（人次） | 有效百分比（%） | 累计百分比（%） |
|---|---|---|---|
| 很需要 | 85 | 9.0 | 9.0 |
| 需要 | 472 | 49.9 | 58.9 |
| 不需要 | 268 | 28.4 | 87.3 |
| 不清楚 | 120 | 12.7 | 100.0 |
| 合计 | 945 | 100.0 | |

（8）从哪个媒体接受的健康知识更多些

如表 2 - 18 所示，当问到从哪个媒体接受的健康知识更多些的时候，回答通过"电视"接受的健康知识占的比例最高，"广播"占的比例居第二位，其余占的比例都很小。这说明在偏僻的农牧区妇女虽然可以通过电视学到一些知识，但是由于文化素质偏低，她们能够获得更多相关知识的途径较单一。

表 2 - 18　通常从哪个媒体接受的健康知识更多些

| 项目 | 频率（人次） | 有效百分比（%） | 累计百分比（%） |
|---|---|---|---|
| 广播 | 203 | 21.8 | 21.8 |
| 报纸 | 36 | 3.9 | 25.6 |
| 杂志 | 27 | 2.9 | 28.5 |
| 电视 | 644 | 69.0 | 97.5 |
| 网上 | 17 | 1.8 | 99.4 |
| 书籍 | 5 | 0.5 | 99.9 |
| 其他 | 1 | 0.1 | 100.0 |
| 合计 | 933 | 100.0 | |
| 缺失 | 12 | | |
| 合计 | 945 | | |

（9）当前最需要的卫生健康服务

在农牧区被调查妇女中，如表 2 - 19 所示，认为"检查治疗妇科疾病"占的比重最高，"生殖健康咨询服务"居第二位，"产前检查服务"居第三位，避孕节育、节育手术和性传染病防治服务等占的比重相对较小。

表 2 - 19　当前最需要的卫生健康服务

| 项目 | 频率（人次） | 有效百分比（%） | 累计百分比（%） |
| --- | --- | --- | --- |
| 生殖健康咨询服务 | 178 | 18.9 | 18.9 |
| 检查治疗妇科疾病 | 345 | 36.6 | 55.5 |
| 产前检查服务 | 147 | 15.6 | 71.1 |
| 避孕节育措施服务 | 81 | 8.6 | 79.7 |
| 高质量的节育手术 | 70 | 7.4 | 87.2 |
| 节育术后服务及治疗 | 84 | 8.9 | 96.1 |
| 性传染病防治服务 | 37 | 3.9 | 100.0 |
| 合计 | 942 | 100.0 | |
| 缺失 | 3 | | |
| 合计 | 945 | | |

以上健康教育的数据，体现了西藏地区孕产保健工作成果近几年来有显著提高，但和全国其他地区相比还有很大的差距。西藏农牧区妇女文化程度普遍偏低，文盲比例还很高，缺乏科学的卫生常识和意识，所以不知道怀孕时要进行检查，也不了解优生优育的重要意义，更不了解性传染疾病的防治，加上经济落后和地理交通不便等因素，有些妇女想进行产前检查，想了解相关保健知识也均受到一定的限制。[1]

---

① 李强、颜虹、王全丽、康轶君、党少农：《西藏农牧区妇女孕产期保健现状分析》，《中华流行病学杂志》2006 年第 1 期。

### 2.2.4 接受教育培训的需求

联合国人口基金执行主席萨瓦内指出："长时间以来,各国政府往往只注意数量。但人口问题也同人们必要的生活质量有关。在世界人口中,妇女显然是需要优先为之采取行动的人群。"我国的人口普查充分显示了"高文化低生育、低文化高生育"的人口发展规律。①西藏地区这一现象尤显突出,特别是西藏农牧区妇女,文化素质及文化程度普遍较低,参与社会劳动少,参政议政热情普遍较低。此次调查充分体现了藏区妇女对教育需求的认识不足。

(1)是否参加过扫盲班

如表2-20所示,在回答"是否参加过扫盲班"时,68.2%的妇女表示没有参加过扫盲班,占样本总数的2/3以上;31.8%的妇女表示参加过,占样本总数的不到1/3。

表2-20 您是否参加过以识字为主的扫盲班

| 项目 | 频率（人次） | 有效百分比（%） | 累计百分比（%） |
|---|---|---|---|
| 是 | 300 | 31.8 | 31.8 |
| 否 | 644 | 68.2 | 100.0 |
| 合计 | 944 | 100.0 | |
| 缺失 | 1 | | |
| 合计 | 945 | | |

(2)自己的知识结构是否适应当前农牧区发展的需要

如表2-21所示,在回答"自己的知识结构是否适应当前农牧

---

① 阿吉菲:《民族地区妇女教育问题浅析》,《甘肃民族研究》2003年第4期。

区发展的需要"时,有58.5%的妇女认为"基本适应","不适应"的占22.6%。尽管在农牧区多数妇女不识字,几乎没有受过任何教育培训,但是在此次调查中,占一半以上的妇女认为自己的知识结构基本适应当前农牧区发展的需要,这从侧面显示农牧区经济还比较落后,多数家庭仍满足于现状。

表2-21 您认为自己的知识结构是否适应当前
农牧区发展的需要

| 项目 | 频率(人次) | 有效百分比(%) | 累计百分比(%) |
|---|---|---|---|
| 适应 | 167 | 17.7 | 17.7 |
| 基本适应 | 553 | 58.5 | 76.2 |
| 不适应 | 214 | 22.6 | 98.8 |
| 不清楚 | 11 | 1.2 | 100.0 |
| 合计 | 945 | 100.0 | |

(3)在社会转型期,认为自己应付及解决生活问题的知识与能力处于何种状态

社会转型就是指社会经济结构、文化形态、价值观念等发生深刻变化,而且这些变化是在短时间内完成的。如表2-22所示,当问到"在社会转型期自己应付及解决生活中问题的知识与能力处于何种状态"这样一个问题时,被调查者大多有点信心不足,更多的是觉得自己对于应付及解决生活问题的知识和能力是欠缺的。尽管回答数据显示认为"还可以"的比重最高,"较为欠缺"的居第二位。据探访,很多农牧区妇女认为,在自己本身文化程度不够高、接受后期教育薄弱、从事传统社会活动等情况下,社会转型期当中出现的问题很有可能是她们从来没有遇到过的,处理问题的知识和能力是欠缺的。

表 2 - 22　在社会转型期，您认为自己应付及解决生活问题的
知识与能力处于何种状态

| 项目 | 频率（人次） | 有效百分比（%） | 累计百分比（%） |
| --- | --- | --- | --- |
| 足够 | 84 | 8.9 | 8.9 |
| 还可以 | 395 | 41.8 | 50.7 |
| 较为欠缺 | 267 | 28.3 | 78.9 |
| 十分欠缺 | 199 | 21.1 | 100.0 |
| 合计 | 945 | 100.0 | |

（4）是否参加过相关组织举办的教育培训活动

如表 2 - 23 所示，当回答"是否参加过相关组织举办的教育培训活动"时，63.4% 的妇女回答"没有"，36.6% 的妇女回答"有"。从主观原因来看，很多农牧区妇女都觉得是工学矛盾导致她们为了工作而放弃了学习；客观原因主要是当地或就近很少举办教育培训活动，导致妇女没有更多的机会参加这样的活动。

表 2 - 23　您是否参加过相关组织举办的教育培训活动

| 项目 | 频率（人次） | 有效百分比（%） | 累计百分比（%） |
| --- | --- | --- | --- |
| 有 | 346 | 36.6 | 36.6 |
| 没有 | 599 | 63.4 | 100.0 |
| 合计 | 945 | 100.0 | |

（5）当前妇女教育培训的活动如何

如表 2 - 24 所示，在回答"您所在单位、社区或乡镇举办关于妇女教育培训活动的情况如何"时，回答"从来没有"的占样本总数的比重最大（58.3%），"偶尔"占的比重居第二位（35.3%），"经常"仅占总数的 6.0%。显然，综上所述，很多农牧区在当地或就近开展教育培训活动的概率较小，加上地理位置及交通条件等因

素，不同程度上制约了教育培训等活动的开展。因此，相关部门应适当投资，加强在农牧区开展教育培训活动的力度。

表 2-24　您所在单位、社区或乡镇举办关于妇女教育培训活动的情况

| 项目 | 频率（人次） | 有效百分比（%） | 累计百分比（%） |
|---|---|---|---|
| 经常 | 57 | 6.0 | 6.1 |
| 偶尔 | 334 | 35.3 | 41.4 |
| 从来没有 | 551 | 58.3 | 99.7 |
| 缺失 | 3 | 0.3 | 100.0 |
| 合计 | 945 | 100.0 | |

（6）一年中，参加的各类培训合计时间

如表 2-25 所示，当被问到"一年中，您参加的各类培训合计时间为多少"时，回答 1~2 天的占 18.6%，3~4 天的占 12.9%，从来没有参加过培训的妇女占 47.4%，接近样本总数的一半。根据个别妇女的口述，农牧区妇女几乎不参加教育培训活动的原因有两点：其一，很多妇女不愿意为成为新农牧民埋单，即使她们知道有多种多样的培训活动，也始终不肯花时间和精力在各种培训活动上面，她们不理解磨刀不误砍柴工的意义；其二，类似教育培训活动宣传力度不够，或者是活动举办的次数太少，使农牧区妇女根本不知道有这样的活动。其实部分农牧区妇女在社会转型期为了使自己不落伍，与时俱进，渴望学到一点文化。

表 2-25　一年中，您参加的各类培训合计时间为多少

| 项目 | 频率（人次） | 有效百分比（%） | 累计百分比（%） |
|---|---|---|---|
| 半天 | 62 | 6.6 | 6.6 |
| 1~2 天 | 174 | 18.6 | 25.2 |

续表

| 项目 | 频率（人次） | 有效百分比（%） | 累计百分比（%） |
|---|---|---|---|
| 3～4 天 | 121 | 12.9 | 38.1 |
| 1 周 | 27 | 2.9 | 40.9 |
| 半个月 | 25 | 2.7 | 43.6 |
| 1 个月及以上 | 42 | 4.5 | 48.1 |
| 从来没有 | 445 | 47.4 | 95.5 |
| 其他 | 42 | 4.5 | 100.0 |
| 合计 | 938 | 100.0 | |
| 缺失 | 7 | | |
| 合计 | 945 | | |

（7）影响您或周边女性参加教育培训的主要因素

在回答"影响您或周边女性参加教育培训的主要因素"时，占比最高的是"工学矛盾"，第二位的是"学习地点不便利"，第三位的是"不知道该学什么"；在回答"您曾参加教育培训的原因"时，占比最高的是"组织安排"，第二位的是"长辈要求"，第三位的是"转岗需要"。这些数据显示了以下两方面问题。第一，农牧区妇女由于家务或农牧活，不得不放弃学习的机会，大多数妇女又以家庭为主，所谓的学习便成为次要的了。而对于不识字的妇女来讲，即便开展类似的教育活动，正如她们所述，"不知道学什么"。第二，许多农牧区妇女曾参加教育培训活动的主要原因是组织安排和长辈要求，她们很少自主性地参加任何活动，大多数属于被动参加，另一部分属于转岗需要，不得不加强学习一些生计知识，实际上也同样属于被动参加学习活动。因此相关部门应结合当地妇女基本情况，开展一些有针对性及适用性的教育培训活动，使农牧区妇女从中得到更多的效益和实惠，让妇女从被动参加变为主动参加各种活动。

（8）希望最好的教育培训时段及地点

对于"您希望的教育培训时段最好安排"这一问题，在晚上时间、上班时间、白天时间、周末时间等几个选项中，选择"晚上时间"占的比例最高；"您最希望的教育培训地点"在就近区、本社区内、市内、省外及国外等选项中，选择"就近区"占的比例最高。显然农牧区妇女白天一般都以家务活为主，抽不出更多的时间参加培训，更没有精力去参加在她们看来跟生活无关的培训活动，何况活动开展地点离自己居住区较远，更是难上加难，这对她们来讲纯粹是浪费时间和精力。

（9）希望教育培训能达到的效果

对于"您希望教育培训能达到的效果"这一问题，在提升技能与业绩、解决具体问题、提高生活品质、更新观念及适应未来等选项中，回答"提升技能与业绩"的占比最高，"解决具体问题"占第二位，"提高生活品质"占第三位。这些数据体现出当前农牧区妇女的思想已不同于过去受传统观念约束的思想，她们懂得怎样才能提高生活水平。

（10）对西藏农牧区妇女教育方面的其他意见或建议

最后，问卷中提到一个开放式回答的问题，即"对西藏农牧区妇女教育方面的意见或建议"。首先，很多妇女认为当今党和政府在农牧区妇女教育方面已经做了许多工作，也起到了一定的效果，没有提出其他更多的意见。其次，针对扫盲教育，妇女们还是比较有热情的。她们提到需要开设更多、形式多样的课程，以及开展培训教育的时间希望能在农（牧）闲时，也就是冬季，那样大多数的务农牧妇女就会有更多的时间来识字或接受教育培训。再次，更多的女性关心的是她们自己的健康问题。她们觉得社会应该多关心妇女健康问题，开展有关妇女健康知识教育活动，或者就地在每个乡镇建立一个相关组织，大家通过这个组织获取更多的知识。希望多宣传健康方面的知识，让农牧区妇女了解更多的妇科疾病知识，以防止或减少妇科疾病及性传播疾病。

<h2>2.3　西藏农牧区妇女教育存在问题的<br>原因分析</h2>

妇女受教育水平不仅体现了妇女自身的文化素质状况，而且对妇女经济收入和地位的提高，妇女就业和职业的选择，妇女自身与家庭成员的健康和优生优育，以及对子女的教育都起着不可忽视的作用。

### 2.3.1　西藏农牧区妇女的家庭地位低

农牧区妇女家中地位较低，一般都要承担大量的家务劳动和繁重的生产劳动，同时又要照看子女及老人，这在很大程度上束缚了妇女，使她们无法像男子一样去争取学习的机会，因此影响了妇女接受教育的积极性，参与经济建设的能力弱。调查显示，农牧区家庭经济主管、经济支柱大部分为男性，在家庭生产决策权上男性高于女性。由于在农牧区，妇女家中的地位较低，妇女作为弱势群体，在家中经济地位低下，基本没有经济的支配权，表现在社会层面是社会地位较低。同男性相比，其社会竞争力弱，在同等权利和机会面前，她们的获得概率明显比男性小。加之长期形成的性别观念，妇女在社会上遭受歧视和非议，得到广泛受教育的机会严重不足。妇女的整体素质和能力降低，参与经济建设的能力弱小。受传统观念的影响，不少妇女对自身的权利和地位缺乏自我意识，一些妇女在权利和地位上很少有平等要求，有的甚至以顺从男性为美德。妇女只有接受良好的教育，懂得自己做人的地位和权利，才能为实现自己的权利和地位抗争。

### 2.3.2　西藏农牧区妇女家庭经济来源有限，无力投资教育

西藏农牧区长期处于较为封闭的自然经济状态，商品观念十分淡薄，经营意识差，相当部分家庭妇女满足于勉强维持生存条件，"惜杀""惜售"现象非常严重，畜牧业、粮食商品率很低。根据探访调查，在很多家庭，采集出售虫草是主要的经济收入来源，但这部分经济收入主要用于购买牛羊肉、大米、面粉等生活必需品，很少用于生产，更谈不上积蓄。

### 2.3.3　西藏农牧区妇女对扫盲及再教育的认识不足

农牧区妇女对教育重视程度不够，自我提升意识不强。低文化素质和相对封闭的生产方式导致她们既缺乏基本的发展能力，又缺乏明确的发展意识和愿望，她们比男子更易于满足现状。况且，她们由于本身文化素质低，掌握新的技术与知识有一定的困难，也缺乏学习的动力。受传统经济文化的影响，大部分农牧区妇女基本没有接受过正规教育，妇女的文盲率普遍高于男性。同时，她们通过电视、广播等其他途径接受的教育性知识相对匮乏，主要原因是有些偏僻的农牧区到目前还没有完全通电通路，从而在原本地域条件差、信息闭塞等落后的情况下，严重制约了农牧区妇女及时、有效地接受正确的相关教育信息。而农牧区妇女的日常生活除了务农务牧外，就是永不知疲倦地干烦琐的家务活，她们丝毫没有参加扫盲班或者再接受教育的想法，这恰恰直接影响了妇女对子女的教育。

### 2.3.4　西藏农牧区妇女守土观念强，择业意识淡薄

农牧区妇女从业角色的转变与经济体制改革有着密切关系。由于受传统地域文化影响，农牧区家庭妇女普遍守土观念较强，择业意识淡薄，不愿离家外出，只愿守候家园，长此以往，对外界缺少

了解，与时代进步脱钩。西藏农牧区妇女在经济上、能力上和权利上都处于弱势地位，受教育程度低、专业技能差、素质低已成为她们就业的瓶颈，制约、阻碍了她们的发展。只有深化体制改革，构建农牧区妇女教育和培训创新体系，才能使西藏农牧区妇女获得生存保障、发展保障和享受保障。

### 2.3.5　西藏农牧区妇女对健康教育的认识不足

通过调查数据得知，西藏农牧区妇女对健康教育的认识严重不足，这应该受她们的文化水平和经济收入的影响。到目前还有很多农牧区妇女从来没有体检过，也不知道体检有何意义，更不知道哪些性传播疾病存在以及产前检查的重要性。农牧区妇女日常健康卫生知识严重欠缺，很多人甚至不知道什么是艾滋病及其危害性。实际上，她们根本不懂得什么是妇女健康。因此，相关部门应加大力度及早解决农牧区妇女的扫盲教育，用最基础的语言寻找适当的时间和地点，为基层农牧区妇女多开设、多宣传有关妇女健康的知识，提高农牧区妇女健康水平，不断地降低农牧区妇女妇科病的患病率。

### 2.3.6　西藏农牧区妇女参加教育培训活动较少

农牧区科技文化发展缓慢，生产技术比较落后，加之自然环境恶劣，造成贫困人口较多。而随着市场经济的不断深入发展，劳动力的大量外出，使妇女成为家庭生活的主要承担者，她们全身心地致力于生产劳动和自然资源管理，没有时间和精力学习，她们只关心自己的小天地，对国事天下事漠不关心等根本性的差距，导致她们整体受教育程度偏低，文盲、半文盲的比例偏高。目前，西藏农牧区教育发展与人力开发资金短缺，致使教育与培训供给能力偏小，优质教育资源供给匮乏，区域教育均衡化水平偏低，人群受教育困难与教育机会不公平现象加剧。特别是妇女更难以得到与男性同等的待遇，导致妇女接受培训较少，文化素质整体偏低。

## 2.4 西藏农牧区妇女教育发展的对策思考

今天的教育就是明天的经济，纵观今日世界，经济强国的发展轨迹无一不从教育起步。例如日本，自明治维新开始，从教育救国入手，始终坚持全民教育，做到村无不学之户，户无不学之人。多少年来，在日本农村最好的建筑物一直是学校。美国经济高度发达，长期起作用的同样是教育。在我国，教育事业已有了长足的发展，而且我国经济也有了巨大的进步。但是，由于历史和自然环境的因素，西藏的教育事业起步晚，基础薄弱。西藏经济比国内其他地区相对滞后，主要原因是西藏的教育，尤其是西藏妇女教育相对落后，特别是西藏农牧区妇女的教育问题应引起相关部门的重视。发展女性教育，提升农牧区妇女自身的文化素质具有长久深远的现实意义，积极开发西藏农牧区妇女教育资源势在必行。如何更好地使西藏农牧区妇女提高自身文化素质和社会地位，是我们值得思考的一个问题。

第一，综合以上数据分析可以看出，西藏农牧区传统的经济文化是影响妇女的教育需求的根本因素，要从根本上扭转西藏农牧区妇女的教育需求不足、农牧民群众不愿意送子女上学的局面，必须以推动经济文化转型为抓手，持续不懈地努力，这既需要经济文化自身的调整，更离不开政府的政策导向和政策支持。从农牧区妇女的需要出发来实施教育，农牧区妇女教育要结合当地经济发展的实际，指导她们选择自己发展的致富之路，并传授相应的实用技术，教给她们一些儿童早期教育知识，使其对子女进行科学教育。

第二，加强普及扫盲教育，积极开展各类教育培训活动。举办不同类型、不同级别的扫盲班、文化提高班以及职业教育课程，同时要认真研究制定符合西藏农牧区实际的扫盲教育长效机制，推进扫盲教育的长期化、科学化、规范化，促进农牧区妇女文化水平和综合素质提高。努力改善农牧区妇女受教育的程度，提高她们的社会地位。从她们的生产生活实际中提取丰富的素材来对其进行教育。聘请专家学者，定期开设多种形式的教育培训活动。在时间、教学要求、教学场所、教材等方面必须结合农牧区妇女的实际，采取灵活多样的教学方式，加强宣传教育，鼓励农牧区妇女接受各种教育培训。定期检查评估，通过学习各种生活常识、各类实用技术，巩固扫盲成果，提高农牧区妇女的文化、科技素质。[①] 采取有力措施，加大政策倾斜力度，加大经济投入，促进妇女教育事业的健康持续发展。整合区内的现有资源，努力办好农牧区妇女各类教育培训班，结合本地区的政治、经济、文化实际，结合农牧区妇女的现状，结合民族地区的特殊性，政府、社会、学校三方联合，开展好妇女教育培训工作，教育培训的形式和内容要新颖，切合妇女的实际需求，这样才会赢得广大妇女的喜爱和欢迎。

第三，加大投资建设医疗基础设施。通过各种有效渠道增加政府对西藏农牧区妇女医疗卫生保健的经费投入，为农牧区妇女卫生健康事业的持续发展提供强有力的资金保障。改善农牧区医疗设备，大力开展健康教育，面向社会、家庭和个人普及保健知识，提高妇女的卫生常识和卫生意识。针对不同年龄、不同文化层次的农村妇女进行相应的健康教育，健康教育的方式应多种多样。加强农牧区妇女对孕产保健的重要性和必要性的认识，以及大力宣传性传播疾病的危害性，提高农牧区妇女对性传播疾病的预防能力。政府

---

① 林海：《我省农牧区妇女扫盲现状及对策分析》，《青海社会科学》2000 年第 5 期。

扶持农牧区妇女获得定期定编的免费正规体检，使她们了解自己的身体状况，以此鼓励及提倡加强保健卫生知识的学习。

第四，承认性别差异和女性（包括女童）在受教育过程中所处的劣势地位，注重女性的个体经验与感受，针对女性在教育领域的不利状况和差异，采取教育手段改善或提高女性的受教育水平。改变性别歧视的观念和现象，既是各级政府的行为，也是各族各界有识之士的良知所为。正是因为思想意识中存在对女性的轻视，才会形成女性教育的恶性循环。正是因为宗教信仰中存在对女性的歧视，女性的受教育权利才受到限制。因此，妇女受教育权利的保障和受教育水平的提高，不仅对妇女发展具有重要的意义，而且也对全面建设小康社会、构建和谐社会具有重要的意义。

以往对于西藏农牧区妇女教育的研究侧重于综合性的纯学术研究，应用性学术研究还刚刚起步，决策性的研究更有待于有所突破。我们应积极寻求建立和谐社会关系的途径，进而提出一些政策决策依据和建议。只有提高农牧区妇女文化素质，深化体制改革，构建农牧区妇女教育和培训创新体系，才能使西藏农牧区妇女获得生存保障、发展保障和享受保障。

# 3. 西藏墨竹工卡县农牧区妇女教育状况调查报告

人类社会的文明与发展离不开妇女的解放和进步；而妇女的解放和进步，很大程度上取决于自身文化素质的提高。妇女受教育程度既是妇女自身文化素质的反映，又是妇女进步的必要前提。

## 3.1 项目背景

西藏妇女受教育状况的改善是提高西藏人口素质的关键因素，因此，我们必须大力提倡和重视妇女教育，以利于妇女整体作用得到更好的发挥。

本项目旨在通过对墨竹工卡县农牧区妇女教育状况进行调查，准确把握农牧区妇女接受教育的需求，把握农牧区妇女教育的发展状况，为政府相关部门提供决策参考。2011 年 8 月，项目组对墨竹工卡县农牧区妇女进行了问卷调查，调查问卷包括填表人员的基本情况、家庭经济状况、健康教育的需求、接受教育培训的需求共四个方面内容。在问卷调查过程中，由项目组成员指导调查对象就问卷内容进行填写，经过问卷的回收、整理，得到有效问卷 110 份。通过运用 SPSS 和 Excel 进行数据统计分析，集中地显示出墨竹工卡县农牧区妇女的发展现状及教育需求等方面的信息。

## 3.2　墨竹工卡县概况

墨竹工卡，藏语意为"墨竹色青龙王居住的中间白地"。墨竹工卡宗设于1857年。1959年9月，墨竹工卡宗和直孔宗合并，正式成立墨竹工卡县，隶属拉萨市管辖至今。县政府驻地为工卡镇。

墨竹工卡县地处西藏中部、拉萨河中上游、米拉山西侧，面积5620平方公里。辖1个镇，7个乡，43个行政村。2007年底全县人口44958人，其中女性人口22320人，占全县总人口的49.65%。

## 3.3　调查对象的基本情况

调查对象的年龄全部在15岁以上，其中15～18岁占7.3%，19～55岁占79%，56岁及以上占13.7%。可以看出，调查是以19～55岁劳动年龄女性为主，包括一部分老年女性。

调查对象的文化程度偏低，其中小学及以下文化程度的占68.1%，初中及高中文化程度的占13.7%，大专及以上文化程度的占18.2%。

从调查对象从事的职业看，以从事农牧业为主，占51.8%，其余人员覆盖了包括专业技术人员、商业服务人员、党政机关人员、企业管理人员、全职家庭妇女、学生、离退休人员、失业人员、自由职业者等在内的各类人员，能较好地反映当地妇女的教育状况和教育需求。

由于调查对象以从事农牧业为主，且全职家庭妇女、学生、失业人员等低收入、无收入人员的比重占到了20.9%，故调查对象的月收入普遍较低，月收入在800元及以下的占72.7%，801～2000元的占15.5%，2001～4000元的占5.5%，4001～6000元的占

5.5%，6001～8000元的仅占0.9%，没有月收入8000元以上的人员。文化程度偏低、以从事低收入的职业为主无疑是农牧区妇女收入普遍偏低的主要原因。

调查对象中已婚女性所占的比重最大，为68.2%，未婚女性占25.5%，离婚或丧偶女性占3.6%，再婚女性占2.7%。从调查对象的生育状况看，有三个及以上孩子的所占比重最大，占36.4%，有两个孩子的占20.0%，有一个孩子的占15.5%，由于调查对象中未婚女性所占比重较大，没有孩子的占到28.2%。

从调查对象的户籍所在地来看，当地户籍所占比重最大，占85.5%，由于就业、上学、投亲等原因，户籍在日喀则、山南、那曲和其他地区的比重分别为7.3%、1.8%、4.5%和0.9%，这也反映了墨竹工卡县农牧区女性人口的流动性。

## 3.4 调查对象的家庭经济状况

对家庭经济状况的调查包括家庭主要收入来源、家庭经济支柱和家庭中的生产决策权三个方面。

由于墨竹工卡县的自然条件适合农业生产，调查对象又是以从事农牧业为主，调查对象的家庭主要收入来源为农产品的占68.2%，畜产品为家庭主要收入来源的仅占4.5%。打工收入已成为家庭收入的重要组成部分，在本乡镇打工和外出打工为家庭主要收入来源的分别占2.7%和12.7%。其他收入为家庭主要收入来源的占11.8%。

家庭经济支柱的调查可以在一定程度上反映女性在家庭中的经济地位。从调查结果看，丈夫为家庭经济支柱的比重最大，占39.1%，而调查对象本人为家庭经济支柱的仅占8.2%，夫妻共同为经济支柱的也只有14.5%。由于调查对象的年龄全部在15岁以上，未婚女性和老年女性均占有一定的比重，故家庭其他成员（父母、子女、兄弟姐妹）为家庭经济支柱的比重也较高，占 38.2%。由此可见，女性在家庭中的经济地位仍然普遍低于男性。

女性在家庭中的生产决策权也是女性在家庭中地位的重要方面。从调查结果看，本调查项目与家庭经济支柱非常一致，丈夫有生产决策权的比重为 37.3%，而调查对象本人具有生产决策权的比重仅为 8.2%，夫妻共同进行生产决策的只有 16.4%。基于前一项调查同样的原因，家庭其他成员具有生产决策权的比重也较高，占 38.2%。因此，女性在家庭中的生产决策权远低于男性。

对家庭经济支柱和生产决策权的调查可以在很大程度上反映妇女的家庭地位。妇女的家庭地位是家庭内部性别平等状况的反映。与社会地位相比，妇女的家庭地位同妇女的关系更直接，有时更能真实地反映出妇女的地位或男女平等状况。从调查结果看，墨竹工卡县农牧区妇女的家庭地位普遍低于男性，但是也必须看到，仍有一定比重的妇女已成为家庭的经济支柱并具有生产决策权，越来越多的妇女和丈夫共同成为家庭经济支柱并一起具有生产决策权，妇女的家庭地位是在不断提高的。

旧西藏，妇女在家庭中处于被忽视乃至被奴役的地位。墨竹工卡县农牧区妇女由于受传统观念影响和传统生产方式的制约，难以像男性那样更多地从事繁重的田间劳作或外出务工赚取更高的打工收入，虽然长年照顾老人孩子和操持繁重的家务，在家庭地位上却仍低于男性。因此，大力发展学校教育，推广各种形式的教育培训，促进妇女传统观念的转变，使她们掌握实用的生产和生活技能，是提高农牧区妇女家庭地位的重要手段。

## 3.5 调查对象健康教育的需求

农牧区妇女是农牧区家庭的主角，她们所掌握的卫生知识和卫生行为直接影响家庭成员的健康。就整个西藏而言，农牧区妇女是健康教育的重点和难点。对墨竹工卡县农牧区妇女健康教育的需求调查共包括5个方面11个问题。

第一方面是体检的需求与经历。第一个问题，是否需要体检。从统计结果来看，24.5%的调查对象认为自己很需要体检，50.9%的调查对象认为自己需要体检，但仍有17.3%的人认为自己不需要体检，7.3%的人不清楚自己是否需要体检，这部分调查对象也许是因为对体检本身缺乏了解或因体检涉及人的身体而采取了较为回避的态度。第二个问题，您最近一次体检时间。与对体检具有较强的需求非常不一致的是，农牧区妇女的体检经历不容乐观，在两年内进行过体检的调查对象仅占36.3%，在两年前进行过体检的调查对象占23.6%，而从未进行过体检的调查对象占比高达40.0%；强烈的需求与不容乐观的经历之间的鲜明对比反映了社会服务与群众需求之间的缺口。第三个问题，您需要体检的主要项目。对所需要的主要体检项目的调查，35.5%的调查对象选择内科，34.5%选择妇科，14.5%选择外科，11.8%选择五官科，3.6%选择其他。考虑到调查对象的文化程度偏低、体检经历偏少，该调查题目仅能反映调查对象对体检项目的一般需求。

第二方面是对日常卫生健康知识的需要与获取媒体。第一个问题，您需要知道日常卫生健康的知识吗？认为对日常卫生健康知识很需要和需要的调查对象占80.9%，反映了农牧区妇女对这方面知识的渴求，认为不需要的仅占9.1%，仍有10.0%的调查对象对该问题不清楚。第二个问题，通常您从哪个媒体接受健康知识更多些？电视是农牧区妇女接受健康知识的最主要媒体，其比重高达72.7%，受调查对象文化程度、生活条件等因素的影响，通过广播、报纸、杂志、网络、书籍等媒体接受健康知识的比重均较小。

第三方面是对性传播疾病的了解。随着西藏经济的快速发展和旅游事业的蓬勃兴起，性传播疾病（STD）也逐渐蔓延起来，并逐步成为一个影响社会政治、经济等方面的问题。近年来，性传播疾病在西藏农牧区有逐渐增多的趋势。第一个问题，您知道艾滋病的危害吗？从调查结果看，仅有 17.3% 的调查对象对艾滋病的危害知道得很清楚，20.9% 的调查对象仅仅知道一些，对艾滋病的危害不是很清楚和不清楚的调查对象分别高达 23.6% 和 38.2%，反映了农牧区妇女对艾滋病知识的极其缺乏。第二个问题，您需要了解性传播疾病的知识吗？仅有 4.5% 的调查对象认为很需要了解性传播疾病的知识，53.6% 的调查对象认为需要了解这方面的知识，而认为自己不需要和不清楚的分别占 21.8% 和 20.0%。这一方面是对艾滋病危害的了解极其缺乏，另一方面是对性传播疾病知识的不需要了解和不清楚，传统的思想观念、落后的文化水平以及封闭的生活环境严重影响了农牧区妇女对性传播疾病的了解。

第四方面是对婚育知识的了解。结婚和生育是家庭生活的重要方面，不但影响家庭的幸福与和谐，而且直接影响下一代的健康成长。第一个问题，您需要了解优生优育的知识吗？仅有 12.7% 的调查对象认为很需要了解，47.3% 的调查对象认为需要了解，高达 30.0% 的调查对象认为不需要了解，10.0% 的调查对象则对此问题根本不清楚。第二个问题，您需要了解产前检查的重要性吗？与对优生优育的调查基本相似，仅有 8.2% 的调查对象认为很需要了解产前检查的重要性，50.9% 的人认为需要了解，而仍有 34.5% 的人认为不需要了解，6.4% 的人则对此问题不清楚。西藏农牧区实行的是较为宽松的生育政策，传统的生育观念在农牧区仍具有较大的影响。第三个问题，您需要知道节育的知识吗？仅有 14.5% 的调查对象认为很需要节育方面的知识，41.8% 认为需要，认为不需要的仍高达 38.2%，对此问题不清楚的则占 5.5%。由此可见，虽然优生优育、计划生育和产前检查在广大农牧区正被越来越多的人所接受，但仍有大量的农牧区妇女对此缺乏必要的了解和认识。

第五方面是最需要的卫生健康服务。从调查数据来看，您认为当前最需要的卫生健康服务：排在第一位的是检查治疗妇科疾病，占 40.9%，排在第二位的是节育术后服务及治疗，占 22.7%，排在第三位的是产前检查服务，占 9.1%，生殖健康咨询服务和高质量的节育手术则各占 8.2%，其余避孕节育措施服务和性传染病防治服务也占有一定的比重。这反映了农牧区妇女对卫生健康服务方面的急切需求，同时在妇科疾病检查治疗、节育术后服务及治疗等方面体现了更为迫切的需要。

## 3.6　调查对象接受教育培训的需求

对墨竹工卡县农牧区妇女教育培训的需求调查共包括 4 个方面 10 个问题。

第一方面是农牧区妇女对自己所掌握知识的评价。在对自己的知识结构是否适应当前农牧区发展的需要这一问题的回答中，仅有 18.2% 的调查对象选择了适应，69.1% 的调查对象选择了基本适应，只有 10.9% 的调查对象选择了不适应，而 1.8% 的调查对象则对该问题没有做出回答。而从对另一个问题的调查结果看，仅有 10.9% 的调查对象认为在社会转型期自己应付及解决生活问题的知识及能力是足够的，50.0% 的调查对象选择还可以，30.0% 的调查对象选择较为欠缺，仅有 9.1% 的调查对象选择了十分欠缺。从调查结果看，墨竹工卡县农牧区妇女对自己所掌握知识的评价是偏高的；虽然调查对象的受教育程度普遍偏低，但在传统的农牧业生产和生活条件下，农牧区妇女知识和经验的积累能在很大程度上满足生活和生产的需要。但是也必须指出，西藏社会经济正处在跨越式发展阶段，农牧区的生产和生活方式正发生日新月异的变化，受教育程度普遍偏低的农牧区妇女将会面临越来越多的困惑。

第二方面是农牧区妇女参加扫盲教育的情况。在对第一个问题的回答中，仅有30.0%的调查对象参加过以识字为主的扫盲班，高达67.3%的调查对象则没有参加过，这与小学及以下文化程度的调查对象占68.1%（而完全没上过学的调查对象也占到41.8%）极不相符；这也在一定程度上反映了农牧区妇女对扫盲教育参与的积极性不高和扫盲教育的落实不够理想。第二个问题是了解调查对象认为扫盲教育对自己是否有用。在对此问题的回答中，仅有13.6%的调查对象认为很有用，40.0%认为一般，6.4%认为没有用，选择不好说的高达40.0%。从这一问题的结果看，扫盲教育的实用性并没有得到大家的广泛认同，这值得扫盲教育的实施部门进行深刻反思，而如何调动广大农牧区妇女参加扫盲教育的积极性、如何提高扫盲教育的实用性也正是扫盲教育成功的关键。

第三方面是农牧区妇女参加教育培训活动的情况。第一个问题是了解农牧区妇女是否参加过相关组织举办的教育培训活动，仅有18.2%的调查对象参加过此类活动，高达80.0%的调查对象选择没有，而1.8%的调查对象则没有做出回答。第二个问题是了解调查对象所在单位、社区或乡镇举办教育培训活动的情况，选择经常举办的仅占1.8%，选择偶尔举办的占46.4%，高达50.0%的调查对象选择从来没有，而1.8%则未做出回答。第三个问题是了解农牧区妇女一年中参加教育培训的合计时间，高达48.2%的调查对象从未参加过教育培训，10.8%的调查对象的培训时间为半天，14.7%的培训时间为1~2天，19.1%的培训时间为3~4天，培训时间为一周及以上的仅为7.2%。应该说，教育培训在墨竹工卡县农牧区妇女中的普及程度非常不理想。

第四方面是了解农牧区妇女对教育培训在时间、地点、效果上的要求。第一个问题是了解农牧区妇女最希望的教育培训时段，仅有 1.8% 的调查对象选择上班时间，31.8% 选择晚上时间，26.4% 选择白天时间，11.8% 选择周末时间，而选择时间不限的占 28.2%。考虑到农牧区妇女的职业构成和年龄构成，大家对教育培训时段的要求是较为多样的。第二个问题是了解农牧区妇女最希望的培训地点。从调查结果看，首先是本社区内所占比重最大，为 48.2%；其次是市内，占 37.3%；再次为单位内，占 11.8%；其余 2.7% 的调查对象则选择了省内（外）和国外。这一方面反映了绝大多数农牧区妇女希望能就近接受教育培训，另一方面也反映了农牧区妇女渴望了解更广阔世界的愿望。第三个问题是了解农牧区妇女希望教育培训能达到的效果，高达 83.6% 的调查对象希望通过教育培训提升技能与业绩，而 16.4% 的调查对象则希望通过教育培训解决具体问题。对比前面的调查结果，当前扫盲教育的实用性并没有得到较高的认同，而教育培训在墨竹工卡县农牧区妇女中的普及程度也非常不理想，应该说，农牧区妇女对未来教育培训的效果仍然是有很高期待的。

## 3.7 结论与建议

### 3.7.1 结论

综合以上调查结果及原因进行分析，可以得出以下结论。

（1）墨竹工卡县农牧区妇女受教育程度普遍偏低。

（2）农产品是农牧区家庭收入的主要来源，且家庭收入来源趋于多样化。

（3）农牧区妇女在家庭中的地位普遍低于男性。

（4）农牧区妇女对体检的需求较强烈，但她们几乎没有体检的经历。

（5）农牧区妇女渴求日常卫生健康知识，电视是她们获取这方面知识的主要媒体。

（6）传统的思想观念、落后的文化水平以及封闭的生活环境严重影响了农牧区妇女对性传播疾病的了解。

（7）农牧区妇女对婚育知识的了解仍较为缺乏。

（8）农牧区妇女急需的卫生健康服务是多方面的，妇科疾病检查治疗、节育术后服务及治疗等方面更为迫切。

（9）农牧区妇女对自己所掌握知识的评价偏高。

（10）农牧区扫盲教育的落实情况不够理想，扫盲教育的实用性没有得到广泛的认同。

（11）教育培训在农牧区妇女中的普及程度非常不理想。

墨竹工卡县农牧区妇女对未来教育培训在时段安排上的要求是多样的，倾向于就近的教育培训，最好能借教育培训之机更多地了解外界，并对教育实用性和效果有很高的期待。

### 3.7.2　建议

从以上分析和结论出发，结合西藏特别是墨竹工卡县的实际情况，为提高墨竹工卡县农牧区妇女的受教育水平、文化知识水平和生产生活技能，使农牧区妇女更好地适应西藏社会经济跨越式发展的需要，特提出以下建议。

（1）进一步加强农牧区义务教育，稳步推进十二年义务教育的落实，提高农牧区儿童入学率特别是女童入学率，这是提高未来农牧区妇女受教育程度和科学文化水平的根本措施。

（2）通过各种渠道和方式，加强男女平等的宣传和教育，提高农牧区妇女在社会生活和家庭生活中的地位和作用。

（3）统筹教育、科技、农牧、林业、科协、医疗卫生等部门，成立专门的农牧区妇女教育机构，联合各类有关的社会团体和民间组织，形成从自治区到地（市）、县、乡镇、村的农牧区妇女教育网络，并把农牧区妇女教育的落实情况作为各级政府业绩考核的重要内容。

（4）加大农牧区妇女教育投入，各级地方财政经费中应设立专项教育经费，专门支持农牧区妇女教育工作；政府应拨出一定专项经费为农牧区妇女提供身体检查和妇科病普查普治等。

（5）结合墨竹工卡县的实际情况开展形式多样的农牧区妇女教育培训。深入广大农牧区开展形式多样的扫盲教育、文化知识教育、健康教育、生产生活技能教育、职业技能教育等，并把各种类型的教育培训有机结合；利用广播、电视、宣传栏（报）、文艺演出、学习班等方式开展农牧区教育培训。

# 4. 农村妇女接受教育培训需求 现状及原因分析

## ——以堆龙德庆区为例

本章以西藏人口较为集中的西藏自治区首府——拉萨市堆龙德庆区为案例，调查当地农村妇女接受教育需求的情况。首先对堆龙德庆区农村妇女接受教育的需求现状进行分析，其次尽量找出产生此现状的原因，最后针对问题提出合理的解决办法，切实保障西藏农村妇女在国家政治、经济、文化、社会和家庭生活中的平等地位和各项权利，充分发挥妇女的"半边天"作用。

## 4.1 前言

堆龙德庆区位于西藏自治区首府拉萨市近郊，距市中心约 12 公里，地处西藏中南部，堆龙德庆区沿堆龙河丘陵起伏，群山连绵不断。当今堆龙德庆区也有很多藏族人的生活习俗与高原之外的现代人有着很大的差距，而最明显的差距自然体现在西藏的传统农村人与现代人的比较中。追溯到人类起源，原始社会时母系氏族被父系氏族所取代，注定了女性社会地位低于男性的命运，而中国封建社会更是把这演绎得淋漓尽致。1959 年西藏民主改革以前还处于封建农奴制，那时西藏社会男尊女卑；民主改革后，随着社会制度和经济基础的根本改变，等级界限已不复存在，但男女的社会地位或作用等是有一定差距的。在调查的人群当中也不免会有在改革之前出生的经历过封建农奴制度的妇女。此次调查共发放问卷 80 份，收回有效问卷 48 份。

就当今整个西藏自治区的教育状况而言，由于受社会历史、自然条件两大特殊因素的制约，西藏教育发展的步伐在全国相对较慢，2002 年只有 8 个县实现"两基"。经过艰苦努力，西藏于 2003 年成立"两基"攻坚领导小组，2007 年全面实现"普六"目标，2008 年全面实现"扫盲"目标，2009 年全面实现"普九"目标。上述工作中西藏的教育事业确实取得了长足的进步，然而西藏现代教育的基础实在薄弱，即使有如今的发展也很难跟上全国的平均水平。本次调查的妇女年龄结构具有如图 4 - 1 所示的特点，也即大多数妇女都应在改革开放或者西部大开发以前就应接受教育，但实际上更多的人没有接受相应的教育，从而导致了这些人的文化程度具有如图 4 - 2 所示的特点：没有上过学的占到半数以上，高达 54.2%。此外，每个年龄段中均有未上过学的情况，即使是 15～18 岁这个年龄段女性也有一部分没有上过学，可见，西藏的基础教育实在薄弱。

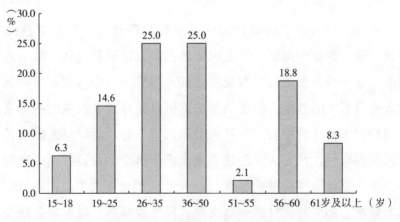

图 4 - 1　被调查妇女年龄构成

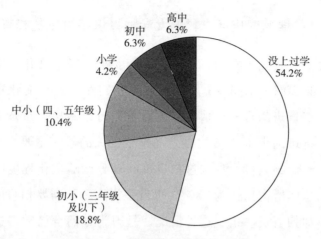

**图 4 - 2　被调查妇女文化程度**

　　当前我们讨论的是堆龙德庆区的农村妇女接受教育培训需求的情况，这里的妇女与内地的农村妇女有所差别，她们的生活方式也和高原上广大牧区妇女的生活方式有一定差异。这里的年轻妇女外出打工的比例明显要比内地妇女低相当多个百分点，从事畜牧业的也较少，半数以上是以务农为主。她们本身居住在西藏首府附近，所以就会有一部分商业服务人员，以及企业管理人员等，当然年龄小的有一部分是学生，以及中年的全职家庭主妇。考虑到调查时间为 5 ~ 10 月，估计会有少许外出务工者在此次调查中被遗漏。而这并不是本次调查的重点，更不影响本章的分析结果。

## 4.2　堆龙德庆区农村妇女接受教育培训需求现状及原因分析

　　以当前西藏社会发展的形势来看，堆龙德庆区农村妇女的确需要接受教育培训，这是提高妇女整体素质的必由之路。然而现实生活中的她们是不是同样意识到了这个问题呢？

### 4.2.1 堆龙德庆区农村妇女参加以识字为主的扫盲班

通过上文我们了解到，当地农村妇女小学以上文化程度所占百分比还不到20%。图4-3是关于被调查妇女的各个文化程度中是否参加过扫盲班的百分比情况，由此我们可以看出，总体上，没有参加过扫盲班的占了73%之多，而这个巨大的数字主要产生于文化程度相对较低的人群。参加过扫盲班的百分比随文化程度的升高平稳下降，总体所占比例为26%，也就是说大多数需要扫盲的实际上并没有参加扫盲班。出现这种情况，是因为她们自己觉得这样的扫盲对自己以后的人生并没有作用或者参加扫盲班的成本会比不参加的高，还是因为对参加扫盲班的宣传不够，很多人还不知道有这样的扫盲班呢？

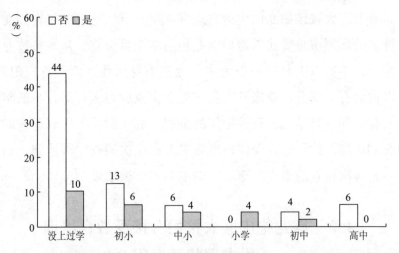

图4-3 被调查妇女的各个文化程度中是否参加过扫盲班的百分比情况

针对上述问题，问卷中随即提出了"你觉得扫盲对自己是否有用"这个问题，让她们谈谈对扫盲班的看法。如图4-4所示，首先，总体来看，抛开"不好说"的部分，认为扫盲班有一定用处（包括很有用和一般）的占多数，其中参加过扫盲班的更多觉得是有用的。其次，未参加过扫盲班的妇女大部分觉得不太了解扫盲班，对于扫盲班不好做出评价。也有一部分即使没有参加过扫盲班，但对其有一定的了解，她们很多认为扫盲班是没有用的，这也有可能正是她们不去参加扫盲班的原因之一；另有部分妇女认为扫盲教育好，这里并没有深究她们没能参加扫盲班的具体原因。最后，参加过扫盲班的妇女对于扫盲教育的评价好坏都有，而且评价好的占大多数。

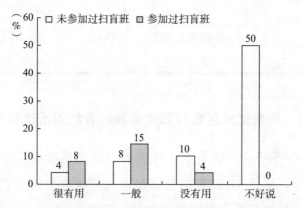

图 4－4　被调查妇女对参加扫盲班是否有用的看法

### 4.2.2　堆龙德庆区农村妇女知识和能力是否适应当前社会

尽管当地妇女中多数没有上过学，也没有参加过扫盲班，还有的妇女认为参加扫盲班没什么用，但是她们绝大多数都觉得自己的知识结构适应或基本适应当前农牧区的发展（见表4－1）。这与当前西藏的农牧业经营方式是分不开的。经营方式传统、粗放，经营效率低下，而且有些妇女也不需要去面对当前的农牧业经营是否已经采用较多的高新技术的问题，因为她们中有一部分人是不从事以农为主的社会活动，前文讲到还有一部分妇女从事商业服务、企业管理以及读书学习等。因此在被问到自己的知识结构是否适应当前农牧区的发展时，绝大多数人的回答是适应，而且也合情合理。

49

表 4 - 1  被调查妇女对自己知识结构和能力的认识

| 自己的知识结构是否适应当前农牧区的发展 | 百分比（%） |
|---|---|
| 适应 | 25.0 |
| 基本适应 | 68.8 |
| 不适应 | 6.3 |
| 在社会转型期，自己应付及解决生活问题的知识与能力处于何种状态 | 百分比（%） |
| 足够 | 2.1 |
| 还可以 | 14.6 |
| 较为欠缺 | 52.1 |
| 十分欠缺 | 31.3 |

### 4.2.3  堆龙德庆区农村妇女参加教育培训活动情况

如图 4 - 5 所示，堆龙德庆区农村妇女几乎没有参加过任何教育培训活动，高达 97.92% 的数据足以说明这点。为了使新农村健康发展，农村妇女综合素质的提高至关重要。

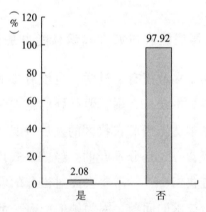

图 4 - 5  被调查妇女是否参加过教育培训活动

社会主义新农村建设是党中央从贯彻科学发展观、构建社会主义和谐社会的全局出发做出的战略部署，是解决"三农"问题、全面建设小康社会的重大举措。上文有数据显示当地农村妇女除了一部分，大多数从事以农为主的社会活动，可以看出农村妇女劳动力是农业生产的重要力量，新农村建设离不开妇女的参与、妇女的智慧和妇女的创新。新农村之新，最关键的还是新农民，没有新农民，新农村就失去了根本和基础。农村妇女的整体素质直接关系到社会主义新农村目标的实现。因此，提高农村妇女劳动力的综合素质刻不容缓。

通过对堆龙德庆区农村妇女参加教育培训活动情况的分析，得知她们几乎不参加教育培训活动的主要原因有两个：一方面，很多妇女都不愿意花时间去接受教育培训，觉得浪费时间，耽误她们干家务活；另一方面，很多妇女觉得学这个没用，还是把孩子带好，等孩子长大了让他们好好学习。其实她们内心也是很想在社会技能方面有所提高，但提升的平台并不为人所知。

对于以上原因，问卷中问到当前教育培训活动频率如何（见表4-2）。这个问题是比较主观的，虽然各个组织举办了各类教育培训活动，但是一定要被妇女知道了才算是举办了，她们不知道也就相当于没有举办过。根据问卷中的数据，堆龙德庆区各地方只是偶尔举办过教育培训活动，甚至有的根本没有举办过，或者是举办过也没人知道。尽管是偶尔举办，这样的活动还是偶尔被当地妇女所知晓的。出现这种情况的原因：其一，妇女们参加培训的积极性不高；其二，组织培训的宣传力度不够；其三，确实在当地举办的活动次数少。

表4-2　当前堆龙德庆区各地举办教育培训活动的频率

| 项目 | 百分比（%） |
| --- | --- |
| 经常 | 2.1 |
| 偶尔 | 64.6 |
| 从来没有 | 33.3 |

关于农村妇女一年中参加教育培训活动的时间（只考虑参加过教育培训活动的人群），她们一年内也仅有一两天时间参加了，很少有参加了半个月及以上的。这说明即使她们当中有少数人参加活动了，参加的时间也是相当少的，质量上更不能保证了。

表4-3　被调查妇女对教育培训时间和地点的希望

| 最希望的教育培训时间 | 百分比（%） | 最希望的教育培训地点 | 百分比（%） |
| --- | --- | --- | --- |
| 晚上 | 83.33 | 单位里 | 22.92 |
| 白天 | 10.42 | 本社区 | 70.83 |
| 周末 | 6.25 | 市内 | 6.25 |

之所以有那么多的农村妇女没有参加过教育培训活动，原因有二，前文已提及，其中，主观原因是很多女性都觉得工学矛盾导致她们为了工作而放弃了学习。而且如表4-3所示，妇女最希望的教育培训时间是晚上的超过八成，这也更充分证明了工学矛盾会使堆龙德庆区的农村妇女放弃学习时间，因为生活压在她们身上的担子也不轻，为了生存，工作是第一要务。客观原因中，如表4-3显示，人们更希望教育培训活动能在晚上的本社区内或者单位里举办，显然活动的组织方没有达到这样的要求。再结合自身主观的原因，参加教育培训活动的人数就寥寥无几了。

最后，堆龙德庆区农村妇女在被问及"希望教育培训能达到什么样的效果"时，她们大部分觉得接受教育培训就是为了提高生活质量。这对于农村妇女是很实际的，她们最能感受到的就是生活质量的提高，其他的提升技能和业绩、解决具体问题、更新观念和适应未来等，对她们来说就是提高生活质量的手段而已。事实上，我们实施教育培训的目的也大致如此，等我们做到了以上这些技能培训，那么现在和未来的生活质量就自然而然地提高了。这其实也正是社会主义新农村建设的核心目标——"生活宽裕"的体现。

### 4.2.4 堆龙德庆区农村妇女对西藏农村妇女教育方面的意见或建议

问卷中所提到的开放式回答的问题，她们众说纷纭。首先，有人谈到了当今党和政府在堆龙德庆区农村妇女教育方面已经做得很好了，没有提出其他任何意见；但是，对于扫盲教育的开展需求还是比较强烈，多数妇女希望在农闲季节能够参加各种形式的扫盲教育培训班学习。有些人还建议，对农村妇女进行一次彻底的身体检查，多宣传妇科和性传播疾病等方面的知识。她们非常关心自己的健康问题，希望社会多关心妇女健康问题，多开展相关妇女健康知识教育等活动。

## 4.3 结论

西藏、农村、妇女、教育这不仅仅是本章的关键词，更是党和国家近年来和未来很多年内都会加以重视的几个关键问题。

党和国家高度重视妇女和妇女工作，运用法律的、行政的和教育的手段，努力消除对妇女的各种歧视，切实保障妇女在国家政治、经济、文化、社会和家庭生活中的平等地位和各项权利，充分发挥妇女的"半边天"作用。因此，西藏农村妇女接受教育培训也正是党和国家高度重视的工作之一。

针对从堆龙德庆区农村妇女接受教育培训需求的调查分析中发现的一些问题，笔者提出以下几点思考及对策。

第一，切实认真贯彻好党和国家在这方面制定的各项法律法规。几十年来，党和国家一直高度重视西藏农村妇女接受教育培训的情况，颁布了相关法律法规，关键是要落实和认真贯彻。

第二，各地区因地制宜，制定相关有益于当地农村妇女接受教育培训的不同规定及办法。当然，这些规定和办法也必须要求相关部门将它们落到实处，并做到积极宣传组织。

第三，强调各项活动开展前的宣传工作，尽可能让所有当地妇女都事先知道有此活动的开展，活动内容是什么、教育意义有什么、大家能获得什么等。

第四，各项活动应就当地民情，选择适当的时间和地点举行。西藏具有地广人稀，但又相对集中的人口分布特点，在恰当的地方举行活动，就很容易让更多的农村妇女能加入进来。由于是农村，自然会有农忙时和农闲时，选择在农闲时举办活动，比如也有妇女建议冬天组织活动最好，这样就能避免相当多的人因为工学矛盾而放弃学习。

第五，借助当今现代技术实施各类教育。如今网络已经遍布全国，甚至覆盖了一些偏远的农牧区。我们认为相关部门可以办一个投资不大的网站，发布一些基础知识，不一定要求全部的农牧区妇女都能看见，但可以做到口口相传，也达到了让她们接受教育的目的，而且不需要单独花时间来学习。

# 5. 农牧区妇女接受教育培训的需求调查及分析

## ——以拉萨市城关区娘热乡为例

教育是西藏实现可持续发展的关键。在西藏尤其应加大对妇女教育的投入和投资。能否在新农村建设中有效地提高农牧区妇女的文化科技素质、经营管理素质和思想道德素质，提高她们增收致富的能力，培养适应新农村建设的新型农牧民，关系到农牧区经济社会发展全局，也关系到社会主义新农村目标的实现。为了更好地了解农牧区妇女接受教育的情况，我们走访和调查了拉萨市城关区娘热乡妇女接受教育的情况。通过此次问卷调查，从多方面进行资料收集及统计分析，深入探讨该乡在推进新农村和农业发展进程中的妇女接受教育需求的问题，提出了解决问题的对策性建议。

## 5.1 娘热乡的基本情况

娘热乡位于拉萨市北侧，这个昔日刀耕火种辗转迁徙过着游牧生活的"小部落"现已发展成为辖有 7 个行政村、9 个自然村，居住 474 户农牧民的行政乡。近年来，城关区娘热乡结合该乡具体情况，以实际行动重视和支持全乡教育事业的发展，收到了良好成效。尤其为了解决该乡加尔村 6 组学前班教师待遇补贴问题，乡和村每月各补贴每位教师工资 100 元，保证了该村 6 组学龄前儿童能够接受学前教育。随着改革开放大好形势的推进，娘热乡妇女也逐步进入决策管理领域，与男性平等享有的政治、经济和教育的权利得到提高，这是贯彻男女平等基本国策的必然要求，也是建设和谐社会的重要内容。近年来，娘热乡妇女工作在乡委、乡政府高度重视下，接受各级各类教育的比例不断扩大，妇女整体文化素质得到改善，为构建和谐娘热乡做出了一定贡献。

## 5.2 娘热乡妇女接受教育培训
## 需求情况分析

调查范围涉及娘热乡各个村的所有妇女，采取随机抽样调查方法，选取调查对象。问卷围绕农牧区妇女对接受教育培训的需求及其对教育的认识程度进行调查。本次调查总计发放了 80 份问卷，收回有效问卷 59 份。此次问卷尽管抽样数量少，数据有限，但分析结果充分体现了娘热乡妇女接受教育培训的需求情况。

### 5.2.1 是否参加过以识字为主的扫盲班

如表 5 - 1 所示，娘热乡农牧区 28.8% 的妇女没有参加过以识字为主的扫盲教育班，71.2% 的妇女参加过以识字为主的扫盲教育班。这说明扫盲问题还没有彻底解决，在娘热乡农牧区还有很多文盲、半文盲的妇女。政府的宣传仍需要继续加大力度，彻底消除文盲和半文盲人群。

表 5 - 1    是否参加过以识字为主的扫盲班

| 项目 | 频率（人次） | 百分比（%） | 有效百分比（%） |
|---|---|---|---|
| 否 | 17 | 28.8 | 28.8 |
| 是 | 42 | 71.2 | 71.2 |

续表

| 项目 | 频率（人次） | 百分比（%） | 有效百分比（%） |
|---|---|---|---|
| 合计 | 59 | 100.0 | 100.0 |

### 5.2.2 扫盲班对自己是否有用

关于"扫盲班对自己是否有用"，只有 13.6% 的妇女认为"很有用"，16.9% 的妇女认为"一般"，6.8% 的妇女认为"没有用"，62.7% 的妇女认为"不好说"（见表 5-2）。从这个数据发现离城市最近的娘热乡妇女没有正确地认识到扫盲教育的意义，说明扫盲教育宣传力度严重不足及妇女对扫盲教育没有树立起正确的观念。

表 5-2 扫盲班对自己是否有用

| 项目 | 频率（人次） | 百分比（%） | 有效百分比（%） |
|---|---|---|---|
| 很有用 | 8 | 13.6 | 13.6 |
| 一般 | 10 | 16.9 | 16.9 |
| 没有用 | 4 | 6.8 | 6.8 |
| 不好说 | 37 | 62.7 | 62.7 |
| 合计 | 59 | 100.0 | 100.0 |

### 5.2.3 自己的知识结构是否适应当前农牧区的发展

关于"自己的知识结构是否适应当前农牧区的发展"，只有 35.6% 的妇女认为适应当前农牧区的发展，54.2% 的妇女认为基本适应当前农牧区的发展，10.2% 的妇女认为不适应当前农牧区的发展（见表 5-3）。这说明当前娘热乡妇女在生活中还是会遇到各种各样让她们难以解决的问题。

表5-3　自己的知识结构是否适应当前农牧区的发展

| 项目 | 频率（人次） | 百分比（%） | 有效百分比（%） |
|---|---|---|---|
| 适应 | 21 | 35.6 | 35.6 |
| 基本适应 | 32 | 54.2 | 54.2 |
| 不适应 | 6 | 10.2 | 10.2 |
| 合计 | 59 | 100.0 | 100.0 |

### 5.2.4　在社会转型期，自己应付及解决生活问题的知识与能力处于何种状态

在社会转型期，认为自己的知识结构足够应付和解决生活问题的妇女只占1.7%，认为还可以的妇女只占15.3%，40.7%的妇女认为较为欠缺，42.4%的妇女认为还十分欠缺（见表5-4）。从这些数据我们不难发现，娘热乡绝大多数妇女认为自己的知识结构应付和解决不了目前在生活中出现的各种问题，为了寻找应对措施很多妇女渴望知识。为此相关部门应积极配合农牧区妇女，帮助她们学习文化知识，使她们在今后生活中能够应对及解决各种问题。

表5-4　社会转型期自己应付及解决生活问题的
知识与能力处于何种状态

| 项目 | 频率（人次） | 百分比（%） | 有效百分比（%） |
|---|---|---|---|
| 足够 | 1 | 1.7 | 1.7 |
| 还可以 | 9 | 15.3 | 15.3 |
| 较为欠缺 | 24 | 40.7 | 40.7 |
| 十分欠缺 | 25 | 42.4 | 42.4 |
| 合计 | 59 | 100.0 | 100.0 |

### 5.2.5　是否参加过组织举办的教育培训活动

关于"是否参加过组织举办的教育培训活动"，只有5.1%的妇女参加过组织举办的教育培训活动，94.9%的妇女没有参加过（见表5-5）。从这些数据可以看出当地妇女对于组织举办的教育培训活动从不关注，也不够重视，几乎没几个人参加过。从另一个层面也说明相关部门对农牧区妇女教育培训的宣传力度不强、重视程度不高，这对农牧区的发展有很大的影响，直接导致当地妇女的整体素质偏低，进而影响整个乡的经济发展。

表5-5　是否参加过组织举办的教育培训活动

| 项目 | 频率（人次） | 百分比（%） | 有效百分比（%） |
|------|------|------|------|
| 是 | 3 | 5.1 | 5.1 |
| 否 | 56 | 94.9 | 94.9 |
| 合计 | 59 | 100.0 | 100.0 |

### 5.2.6　当前教育培训活动如何

在"当前教育培训活动如何"的选项中，52.5%的妇女认为当前教育培训活动经常举行，44.1%的妇女认为教育培训活动偶尔举行，只有3.4%的妇女认为从来没有举行过教育培训活动（见表5-6）。其中"当前教育培训活动经常举行"占总数的一半以上，体现了农牧区妇女教育培训活动举行的次数较多，这对提高农牧区妇女的整体素质非常重要。

表5-6　当前教育培训活动的情况

| 项目 | 频率（人次） | 百分比（%） | 有效百分比（%） |
|------|------|------|------|
| 经常 | 31 | 52.5 | 52.5 |

| 项目 | 频率（人次） | 百分比（%） | 有效百分比（%） |
|------|------|------|------|
| 偶尔 | 26 | 44.1 | 44.1 |
| 从来没有 | 2 | 3.4 | 3.4 |
| 合计 | 59 | 100.0 | 100.0 |

### 5.2.7　一年中参加培训时间共有多少天

当被问到"一年中培训时间共有多少天"时，78.0%的农牧区妇女从来没有参加过教育培训，3.4%的农牧区妇女只有半天的时间参加过教育培训活动，3.4%的农牧区妇女只有 1～2 天的时间参加，1.7%的妇女一年中有一个月及以上的时间参加过教育培训活动，而13.6%的农牧区妇女选择"其他"，没有说明具体时间（见表 5－7）。

表 5－7　一年中参加培训时间有多少天

| 项目 | 频率（人次） | 百分比（%） | 有效百分比（%） |
|------|------|------|------|
| 半天 | 2 | 3.4 | 3.4 |
| 1～2 天 | 2 | 3.4 | 3.4 |
| 一个月及以上 | 1 | 1.7 | 1.7 |
| 从来没有 | 46 | 78.0 | 78.0 |
| 其他 | 8 | 13.6 | 13.6 |
| 合计 | 59 | 100.0 | 100.0 |

### 5.2.8　曾经参加培训的原因

当调查对象被问到"曾经参加培训是因为什么"时，85%的妇女回答是组织安排参加的，15%的妇女是有其他原因。而自主参加、职业需求、转岗需要、长辈要求和朋友影响的人数几乎为零。这足以反映出农牧区妇女为什么要参加教育培训活动,她们似乎仅仅是为了完成组织的任务而参加,并没有更多考虑到自己为了改变现状、职业或改变生活等问题。这也从另一个侧面体现了娘热乡农牧区妇女思想观点还处于较落后的状态,没有主见。同时有关妇女教育工作方面的宣传力度还不够,导致很多妇女还没能够认识到接受教育培训的真正目的。

### 5.2.9　影响参加教育培训活动的主要原因

在"影响参加教育培训活动的主要原因"的几个选项中,98.3%的妇女认为培训内容缺少趣味,1.7%的妇女认为培训时间缺少选择,这说明培训活动的内容过于单一,导致90%以上的妇女对教育培训缺少兴趣。因此,今后开展各项教育培训活动时,应结合当地妇女的具体情况,使培训方式多样化,培训内容满足不同层次的需求,开展不同年龄段、不同文化程度的多技能培训,掌握好合适的时间进行有效的教育培训活动。

### 5.2.10　教育培训时段最好安排在什么时间

当被问到"教育培训时段最好安排在什么时间"时,86.4%的妇女希望在晚上时间学习,6.8%的妇女希望在白天时间学习,6.8%的妇女希望在周末时间学习。数据显示,超过总数一半以上的妇女选择晚上参加学习,说明农牧区妇女因白天要干农活及家务活,没有足够的时间来参加教育培训活动,因此,相关部门应更多选用晚上的时间来开设农牧区妇女教育培训活动,这样既不耽误她们的劳动,又能够使更多的农牧区妇女有机会参加教育培训活动。

表 5 – 8 　教育培训时段最好安排在什么时间

| 项目 | 频率（人次） | 百分比（%） | 有效百分比（%） |
|---|---|---|---|
| 晚上 | 51 | 86.4 | 86.4 |
| 白天 | 4 | 6.8 | 6.8 |
| 周末 | 4 | 6.8 | 6.8 |
| 合计 | 59 | 100.0 | 100.0 |

### 5.2.11　最希望的培训地点

关于当地妇女最希望的培训地点，88.1% 的农牧区妇女希望教育培训能开设在本社区内，10.2% 的妇女希望教育培训能安排在本单位内，1.7% 的妇女希望安排在市内。占总数 4/5 以上的妇女希望教育培训能安排在本社区内，如上述"希望在晚上时间学习"的妇女占 86.4%，晚上时间不方便去太远的地方，因此，不难看出更多的农牧区妇女希望培训地点离自己居住的地方近一点，所以最好在本社区内能够接受教育培训。

表 5 – 9 　最希望的培训地点

| 项目 | 频率（人次） | 百分比（%） | 有效百分比（%） |
|---|---|---|---|
| 单位内 | 6 | 10.2 | 10.2 |
| 本社区 | 52 | 88.1 | 88.1 |
| 市内 | 1 | 1.7 | 1.7 |
| 合计 | 59 | 100.0 | 100.0 |

### 5.2.12　希望教育培训能达到的效果

在娘热乡被调查的农牧区妇女 59 份样本中，希望教育培训能达到提升技能和业绩效果的妇女占 5%，希望教育培训效果达到更新观念的占 5%，希望解决具体问题的妇女占 10.3%，为了能够适应未来发展的妇女占 30.5%，希望能提高生活品质的妇女占 49.2%。从这些数据可以看出，当前农牧区妇女已经认识到社会的发展以及自己在社会和家庭中地位的变迁，也认识到自己在各方面的能力及观念在当今社会中已处在落后状态，为了改变这种状态，在条件允许的情况下她们愿意参加各种组织举办的教育培训活动，这对组织农牧区妇女教育培训活动的工作人员来讲是一个好的局面，只有农牧区妇女自愿接受教育培训，教育培训工作才能达到预期的效果。

## 5.3 存在的问题及解决对策

### 5.3.1 存在的问题

一是娘热乡农牧区妇女自我提高、自我发展的意识淡薄。由于历史、社会等诸多原因，农牧区妇女在生产、市场经济等方面的观念和意识明显落后，与对社会主义新型农牧民的要求有一定的差距，导致在提高农牧区妇女素质等工作方面成效不明显。

二是娘热乡农牧区妇女教育培训经费严重不足。农牧区妇女文盲比例高于男性，受教育的层次低于男性，影响了妇女就业、再就业和创业，以及妇女自身的进步，阻碍了新农村建设的步伐。加大对农牧区妇女培训力度，提高农牧区妇女的素质，是当前妇联的首要任务。但由于各级妇联无专项培训经费，致使培训内容单一，规模较小。

三是在娘热乡农牧区有限的妇女培训资源没有得到充分有效的整合利用。农牧区妇女培训体系还在起步建立之中，政府各有关部门和社会各方面参与妇女培训的工作格局尚未形成，还需要统筹规划、协调，集中力量，整合资源，建立有效机制，才能确保农牧区妇女培训规范有序开展，取得明显成效。对农牧区妇女培训的内容和形式缺乏针对性、实效性，甚至有的培训内容不适合农牧区妇女特点和现实社会生活环境。

### 5.3.2　解决对策

一是加强娘热乡农牧区妇女的基础文化教育，普及农业科技知识，掌握农业新技术，宣传卫生健康知识。同时，采取多种形式对已走上社会实现就业的农牧区妇女加强继续教育，让娘热乡妇女学会适应、学会生存、学会发展。

二是充分利用各类学校资源对娘热乡妇女进行培训，在提高广大妇女文化水平的基础上，重点提高职业技能水平。通过农业技术、创业理念、市场经济知识、企业经营管理等各类技能培训，使她们成为各行各业的行家和业务骨干，增强竞争能力，提高她们适应市场经济的能力和创业致富的水平。

三是注意抓好高、精、尖妇女人才的再教育培训，重点加强对娘热乡农牧区致富女能人的培训，使她们具有建设新农村应具有的素质和能力、合理而广博的知识结构，能够走在时代的前列，带动和影响整个农牧区妇女群体素质的提高，使大批农牧区妇女都能求学有门，学艺有师，学有所得，生财有道。这不仅有利于提高妇女素质，而且有利于女性人才的培养。

## 5.4　结论

从以上数据总结出，娘热乡农牧区妇女对接受教育培训的重要性和必要性的认识欠缺，大多数农牧区妇女反映她们不了解教育培训的意义，而没提出任何建议或意见。娘热乡是拉萨市近郊的一个乡，但是当地农牧区妇女对于妇女教育了解和认识甚少，说明当地农牧区妇女教育工作没有落到实处。另有一些农牧区妇女反映，希望能开设一些对她们生活有用的课程，即相对实用性的课程，同时希望通过各种教育培训活动来提高她们的生活技能和品质。我们从实地调查到数据分析了解了她们一系列的情况，在娘热乡绝大多数农牧区妇女不识字，在家庭生活中和社会生活中都处于被动状态，她们迫切想学到一些实用性的知识和技能。这为以后开展农牧区妇女教育工作指出了明确的方向，在此基础上教育工作者能够抓住娘热乡农牧区妇女的需求来开展今后的教育工作，将会起到事半功倍的效果。

# 6. 西藏日喀则地区边雄乡农村妇女教育现状分析

　　藏族妇女教育和社会化发展水平不高，其制约因素主要是藏族传统社会消极女性观的普遍存在及特有禁忌和习俗的束缚。西藏和平解放以来，西藏农村妇女的文化程度有了较大的提高，社会和家庭在教育资源配置上的性别不平等倾向不断弱化，家庭对子女的教育投资更多地成为一种家庭发展策略，而不仅仅是基于"重男轻女"传统观念的行为。通过对西藏日喀则地区边雄乡妇女受教育情况的抽样调查，探讨了当今农村妇女教育地位及变化的内在逻辑，着重从西藏农村妇女教育的现状，分析当前农村妇女教育存在的主要问题，并针对性地提出了发展西藏农村妇女教育的对策、建议。

　　众所周知，藏族妇女在藏族社会发展中起着举足轻重的作用，她们的受教育程度和素质的高低很大程度上影响着藏族和藏族社会的未来。然而，历史上受传统观念等诸多因素的影响，藏族妇女接受教育的机会极其有限，接受教育的形式、途径非常单一，特别是在旧社会藏族妇女读书受教育成了一种奢望，她们受教育的程度十分低下。西藏和平解放后，藏族教育事业得到了长足的发展，但藏族妇女受教育的程度与男性相比仍然有较大差距，藏族妇女的整体素质还不能完全适应经济社会发展的形势和要求。在西藏经济社会实现跨越式发展和长治久安宏伟目标的征程中，提高藏族妇女的整体教育水平和综合素质，促进藏族妇女实现全面发展，推进藏族妇女事业的持续发展，是西藏建设全面小康和构建社会主义和谐社会的一项重要任务。这直接关系到藏族和藏族社会未来的可持续发展。西藏自治区是我国藏族聚居的地区之一，当今西藏农村妇女的教育地位能较有代表性地反映藏族妇女教育地位的现状、变化和特征。本章正是以西藏日喀则地区边雄乡妇女教育现状为切入点，综合分析西藏农村妇女教育地位、现状、特征及变化，进而探讨西藏农村妇女教育地位及变化的内在逻辑。

# 6.1 农村妇女教育现状

## 6.1.1 农村妇女的文化程度偏低

通过抽样调查总体推论，得出农村妇女教育的现状为：初识及文盲超过 1/5，平均受教育水平为初小（小学三年级及以下）。就受教育程度的类型而言，大致呈小学文化水平，受教育程度较低。调查数据显示，从 15 岁以上受教育人口状况来看，女性未上过学的人口达 50 人，占调查总人数的 33.6%；读过初小（小学三年级及以下）至中小（四年级至五年级）的人口达 80 人，占调查总人数的 53.7%。因此，从总体状况来看，妇女受教育的水平仍偏低。调查显示，当地妇女大都处于文盲和半文盲状态，参加过扫盲班的妇女只占 38.9%，而多达 60.4% 的农牧区妇女没有参加过任何形式的扫盲班（见表 6-1），这严重制约了西藏农村妇女的思想解放和事业发展，进而制约了妇女的文化素质、社会地位的提高。

表 6-1    是否参加过扫盲班

| 项目 | 频次（人次） | 百分比（%） | 有效百分比（%） |
|---|---|---|---|
| 参加过 | 58 | 38.9 | 39.1 |

| 项目 | 频次（人次） | 百分比（%） | 有效百分比（%） |
|---|---|---|---|
| 没有参加过 | 90 | 60.4 | 60.8 |
| 合计 | 148 | 99.3 | 100.0 |
| 缺失 | 1 | 0.7 | |
| 总数 | 149 | 100.0 | |

### 6.1.2 农村妇女教育培训缺乏，形式单一

长期以来，由于受传统旧观念的影响，相当一部分的农村父母认为，在女儿身上进行教育投资是不经济的。因此，当家庭经济不足以供给子女上学时，女性往往就成了牺牲品。长此以往，这些农村妇女养成了依赖意识和圈地意识，认为只有田头、灶头才是属于自己的空间，只要管好家、养好孩子、照顾好老人就足够了，安于现状和墨守成规，使她们缺乏读书、获取知识的自觉性和积极性。问卷调查显示，参加过各种教育培训活动的妇女只占1.3%，而多达98%的农牧区妇女没有参加过任何形式的教育培训活动（见表6-2）。针对这种状况，西藏自治区各级政府进一步加大了对农村妇女的教育培训力度，培训主要以瓜果蔬菜种植、手工技艺、餐饮酒店服务为主。这些培训对提升农村妇女的劳动技能，拓宽就业及增收渠道发挥了重要的作用。但是，这种妇女教育和技能培训的覆盖面过小，形式较为单一，这成为当前妇女职业技能培训工作最为突出的一个问题，亟待有关部门引起高度重视。

表6-2　是否参加过教育培训活动

| 项目 | 频次（人次） | 百分比（%） | 有效百分比（%） |
|---|---|---|---|
| 参加过 | 2 | 1.3 | 1.4 |
| 没有参加过 | 146 | 98.0 | 98.6 |

续表

| 项目 | 频次（人次） | 百分比（%） | 有效百分比（%） |
|---|---|---|---|
| 合计 | 148 | 99.3 | 100.0 |
| 缺失 | 1 | 0.7 | |
| 总数 | 149 | 100.0 | |

问卷调查显示，参加培训的妇女中认为影响参加教育培训的主要因素是培训内容缺乏趣味的占 37.6%，而多达 61.7% 的妇女选择不清楚（见表 6-3）。这充分体现了妇女自身缺乏进取、竞争的意识。而女性自身存在的这种安于现状的心态，严重制约着女性文化素质的提高和全面发展。

表 6-3　影响女性参加教育培训的主要因素

| 项目 | 频次（人次） | 百分比（%） | 有效百分比（%） |
|---|---|---|---|
| 不清楚 | 92 | 61.7 | 61.7 |
| 培训内容缺乏趣味 | 56 | 37.6 | 37.6 |
| 培训内容缺少选择性 | 1 | 0.7 | 0.7 |
| 总数 | 149 | 100.0 | 100.0 |

从所在的单位、社区或乡镇举办妇女教育培训活动的情况来看，从来没有举办过的占 0.7%，偶尔举办的占 98.6%（见表 6-4），妇女教育培训没有实现常态化。这两项调查数据显示，西藏很多地区举办妇女职业教育培训活动次数过少，培训效果较差，没有形成促进妇女教育培训的长效机制。

表 6-4　所在的单位、社区或乡镇举办妇女教育培训活动状况

| 项目 | 频次（人次） | 百分比（%） | 有效百分比（%） |
|---|---|---|---|
| 经常举办 | 1 | 0.7 | 0.7 |

| 项目 | 频次（人次） | 百分比（%） | 有效百分比（%） |
|---|---|---|---|
| 偶尔举办 | 147 | 98.6 | 98.6 |
| 从来没有举办过 | 1 | 0.7 | 0.7 |
| 合计 | 149 | 100.0 | 100.0 |

从全年参加各类培训的合计时间来看，一年里参加培训的合计时间1~2天的占42.3%，3~4天的占32.2%，半天的占24.8%（见表6-5）。这两项调查数据显示，西藏很多地区的农村妇女一年中参加各种培训的时间极短，妇女在家庭劳作和接受教育上的时间分配差距大，接受教育的时间非常少。

表6-5　一年内培训时间

| 项目 | 频次（人次） | 百分比（%） | 有效百分比（%） |
|---|---|---|---|
| 半天 | 37 | 24.8 | 24.8 |
| 1~2天 | 63 | 42.3 | 42.3 |
| 3~4天 | 49 | 32.9 | 32.9 |
| 合计 | 149 | 100.0 | 100.0 |

从希望教育培训能达到的效果来看，妇女对培训的期望很高，应引起社会的高度重视（见表6-6）。

表6-6　希望教育培训能达到的效果

| 项目 | 频次（人次） | 百分比（%） | 有效百分比（%） |
|---|---|---|---|
| 提升技能与业绩 | 72 | 48.3 | 48.3 |
| 解决具体问题 | 63 | 42.3 | 42.3 |
| 提高生活品质 | 137 | 91.9 | 91.9 |
| 更新观念 | 43 | 28.9 | 28.9 |
| 适应未来 | 36 | 24.2 | 24.2 |

注：此问题为多选。

### 6.1.3 妇女参与培训的主动性差，积极性不高

在现代社会中，藏族传统女性观的影响仍然比较深刻。这是造成藏族妇女教育发展滞后的重要原因之一，也使妇女学习自信心受挫。因为组织安排而去参加教育培训的占绝大多数，自主参加的比例相对就少一些。

与全国妇女教育形势相比，西藏的妇女教育无论从整体规划，还是从妇女教育的形式与途径、组织与管理等方面分析，都没能够从彰显妇女的主体地位来解决妇女教育所面临的突出问题和困难。而且西藏的学校教育规划、人才培养问题也没能够更好地审视性别维度，特别是中小学教育教学形式单一，忽略了妇女的个性培养和能力塑造，导致虽然女性在学校期间学习成绩较突出，但毕业走上社会后，由于能力和综合素质存在不少缺陷，不能够很好地适应社会的发展，个人的发展空间小。西藏女性创业者极缺，妇女普遍存在满足现状，接受教育的自觉性不高，追求进步和前进发展的动力欠缺的问题。问卷调查显示，87.9%的妇女普遍认为个人的学历和知识结构能够适应或基本适应当前西藏经济社会发展的形势（见表6-7），有67.8%的妇女认为在社会转型期，自己应付及解决生活问题的知识与能力处于还可以和较为欠缺的状态（见表6-8）。这表明妇女容易自我满足，学习提高动力不足。

表6-7 妇女的知识结构是否适应当前农牧区的发展

| 项目 | 频次（人次） | 百分比（%） | 有效百分比（%） |
|---|---|---|---|
| 适应 | 40 | 26.8 | 26.8 |
| 基本适应 | 91 | 61.1 | 61.1 |
| 不适应 | 18 | 12.1 | 12.1 |
| 合计 | 149 | 100.0 | 100.0 |

表6-8　在社会转型期，自己应付及解决生活问题的
知识与能力

| 项目 | 频次（人次） | 百分比（%） | 有效百分比（%） |
|---|---|---|---|
| 足够 | 11 | 7.4 | 7.4 |
| 还可以 | 57 | 38.3 | 38.3 |
| 较为欠缺 | 44 | 29.5 | 29.5 |
| 十分欠缺 | 37 | 24.8 | 24.8 |
| 合计 | 149 | 100.0 | 100.0 |

### 6.1.4　妇女的社会地位低，社会化程度不高

　　妇女的受教育程度、参政状况、在就业人口中所占比例的高低，以及所从事职业的性质等，是衡量妇女社会地位及其社会化程度高低的重要标准。从某种意义上讲，妇女社会地位和社会化程度的现状，与她们的总体受教育程度有直接关系，即妇女受教育的程度直接影响着她们在社会经济生活和政治生活中的能力和地位。从现实社会中看，目前西藏妇女普遍从事着智力科技含量小的体力劳动，或者所从事的职业对文化素质要求不高、社会地位较低。这种社会现象的主要原因在于西藏妇女深受传统旧观念的影响，特别是"男主外，女主内""女子无知便是贤"等陈旧的传统思想严重制约着西藏妇女的思想解放和个性发展，她们往往存在依靠家庭、依赖男性，不思进取，安于现状，非常消极地无视自身存在的缺乏文化知识、能力素质不适应社会发展的需求，只关心自己的小天地，对国事天下事漠不关心等种种根本性的差距和缺陷。而这些问题的存在，深深地影响着西藏妇女的思想解放、妇女的发展，影响着妇女的事业、政治权益等方面的进一步发展。此外，由于受传统思想的影响，社会对妇女的关注、关心不够，政府和社会给予妇女的政治、经济、文化、教育等方

面的权益往往与男性相差较远，特别是社会对女性参政、议政存在一定的偏见，妇女同志担任领导岗位的职数比例依然较低，妇女同志担任的岗位大多为副职、虚职，社会给予妇女的发展空间很小。总之，由于西藏妇女自身的整体素质较低，社会对妇女存在一定的偏见，没有足够关注妇女的成长成才，导致西藏妇女自我发展空间甚小，妇女的总体发展成效很低，从而也影响着西藏社会的全面发展进步。

### 6.1.5 妇女接受卫生知识的形式与途径单一

由于西藏自然条件差，经济基础薄弱，生产方式落后，传统思想观念束缚严重，妇女的文化素质普遍较低，特别是农村妇女对卫生健康知识掌握得很少，对自身健康问题无心过问，对科学的养生之道、科学的饮食习惯等更是知之甚少。而这些问题，往往导致了西藏农村妇女生活不规律、饮食不科学，存在一些吸烟、吸鼻烟、喝酒等不良生活习惯。农村妇女健康教育需求的问卷调查显示，高达51.7%的妇女认为不需要体检，10.7%的妇女认为不需要知道日常卫生健康知识，78.5%的妇女认为需要知道日常健康知识，但觉得不是很重要。所以妇女对健康教育的需求程度不高。从问卷统计数据来看，农村妇女接受健康知识主要是通过电视的占98.7%（见表6-9），农村妇女获取健康知识的途径非常单一，影响了卫生知识在农村妇女当中的普及。她们最需要的卫生健康服务是体检、常规治疗，特别是妇科疾病、节育术后服务及治疗和产前检查服务，分别占40.3%、18.1%和17.4%，而需要生殖健康咨询服务的仅占2%（见表6-10）。

表6-9 妇女健康知识的获取途径

| 项目 | 频次（人次） | 百分比（%） | 有效百分比（%） |
|---|---|---|---|
| 广播 | 0 | 0 | 0 |

续表

| 项目 | 频次（人次） | 百分比（%） | 有效百分比（%） |
|---|---|---|---|
| 报纸 | 2 | 1.3 | 1.3 |
| 杂志 | 0 | 0 | 0 |
| 电视 | 147 | 98.7 | 98.7 |
| 网上 | 0 | 0 | 0 |
| 书籍 | 0 | 0 | 0 |
| 合计 | 149 | 100.0 | 100.0 |

表 6 - 10　妇女卫生健康服务需求状况

| 项目 | 频次（人次） | 百分比（%） | 有效百分比（%） |
|---|---|---|---|
| 生殖健康咨询服务 | 3 | 2.0 | 2.0 |
| 检查治疗妇科疾病 | 60 | 40.3 | 40.3 |
| 产前检查服务 | 26 | 17.4 | 17.4 |
| 避孕节育措施服务 | 12 | 8.1 | 8.1 |
| 高质量的节育手术 | 18 | 12.1 | 12.1 |
| 节育术后服务及治疗 | 27 | 18.1 | 18.1 |
| 性传染病防治服务 | 3 | 2.0 | 2.0 |
| 合计 | 149 | 100.0 | 100.0 |

# 6.2　对发展西藏农村妇女教育的几点思考

新农村建设要真正取得成效，农村妇女教育就成为一个亟待解决的问题。建议从以下几方面着手，改善当前落后的农村妇女教育现状，努力推进妇女教育事业的健康持续发展。

## 6.2.1　进一步解放思想，破除传统观念，促进妇女解放

当前最重要的工作就是要尽快转变农村妇女的思想观念和提高

她们的能力素质，妇联组织要进一步解放思想，加大工作力度，创新工作方法，将短期培训变成终身跟进式培养，以满足不同层次、不同阶段广大妇女对知识和技能的需求。妇女的素质影响着经济社会的发展，直接影响着下一代的成长。从这个意义上说，提高农村妇女的素质是提高全民族素质、形成农村妇女素质良性循环的关键，也是发展社会生产力的重要环节，对发展经济、推动社会进步有着重要的影响。要加强宣传教育，鼓励妇女自觉接受教育。各级政府要推动全社会切实保障农村妇女受教育的权利，用法律、行政、教育等手段消除不利于妇女发展的各种落后的传统意识，为妇女受教育创造有利的条件。不仅要帮助她们提高文化素养，而且要培养其自尊、自信、自立、自强的独立人格，使其逐步摒弃传统观念造成的自卑心理和依赖心理，塑造积极的心理素质，拓宽生活空间，增强自身主体意识，参与社会活动，从而提高其社会地位，促进农村妇女健康自由地发展与进步。加强妇女工作仅靠各级妇联组织的力量是远远不够的，需要政府支持和全社会参与，要在全社会形成性别平等意识，让男女在同一条起跑线上携手为我国新农村建设和社会各项事业做贡献。

### 6.2.2　加大政策倾斜力度，切实增加对妇女教育的投入

各级政府要进一步提高对农村妇女发展事业的重视程度，真正把妇女的教育问题、妇女的培训问题、妇女的健康等妇女事业放在重要位置，摆在政府的议事日程中，认真思考研究，采取有效措施，加大政策倾斜力度，加大经济投入，促进妇女事业的健康持续发展。当前，一是要把妇女发展问题作为政府的一项民生民心工程，加大智力、人力、物力、财力投入力度，认真落实、统筹安排好每年中央财政对妇女事业的经费投入，共同实现妇女事业的大发展大繁荣。二是自治区要在落实中央专项经费的同时，借助外力，

通过援藏资金、涉外合法援助资金、行业与企业搭建项目合作平台等多种渠道，广泛争取更多爱心人士和成功企业，参与促进农村妇女发展的慈善计划，积极广泛地从多渠道筹措资金。三是自治区政府还要逐年增加政府财政收入中对妇女事业的投入力度。通过这种渠道增加政府对西藏农村妇女事业的经费投入，为农村妇女事业的持续发展提供强有力的资金保障。结合目前西藏农村妇女事业的发展现状，重点要加大对妇女扫盲、妇女教育培训、妇女健康知识及法律宣传，以及基层妇女组织建设等方面的投入力度，特别是要加大对妇女教育培训的投入力度。

### 6.2.3　继续深化妇女教育，多途径多形式开展妇女培训工作

要解决好目前西藏农村妇女工作存在的主要问题，关键还是要进一步深化妇女教育，不断提高妇女教育质量，要通过有效的教育，积极引导广大农村妇女破除墨守成规、依附家庭的小农经济思想，教育妇女正确树立市场意识、竞争意识、科技意识，使广大农村妇女充分认识自己的社会价值和人生价值，树立与市场经济体制相适应的新思想、新观念和新思维方式，形成符合时代要求的健康心理品格，增强适应农村市场变化、驾驭市场经济的本领，在市场经济的大潮中，提高自我素质和实现自我价值，成为有理想、有作为的新女性。一是要以政府办学为主，积极落实教育部、自治区制定的教育中长期规划，不断提高教育教学质量，基础教育在落实好"普九"后，还要对"普九"进行"回头看"，重点解决基础教育存在的主要突出问题，如一些偏远的地区仍存在男、女童毛入学率不均衡，男女接受教育不平等，等等。对这些问题要认真研究，采取整改措施，积极进行改进，不断推进自治区农村基础教育的均衡化。特别要关注农村女童的教育问题，着重从家庭教育、母亲教育、社会教育三个方面，加强对女童教育的关注，进一步转变观

念，努力实现基础教育的均衡、平等，让女童和男童一样享有受教育的权利，提高女童的入学率、巩固率、合格率。二是整合区内的现有资源，努力办好农村妇女各类教育培训班，结合本地区的政治、经济、文化实际，结合自治区农村妇女的现状，结合民族地区的特殊性，政府、社会、学校三方联合，开展好妇女教育培训工作。教育培训的形式和内容要新颖、切合妇女的实际需求，这样才会赢得广大妇女的喜爱和欢迎。三是多方征求内地兄弟省份的援助，结合援藏工作，开辟妇女教育培训的新途径、新方法。如多方协调联系对口省份，组织妇女交流、学习、考察，与对口省份形成"妇女教育一对一""妇女组织联系点制度""农村女童手拉手"等，拓宽妇女事业援藏渠道，加大交流帮扶力度，促进西藏妇女思想的不断解放和妇女事业的健康发展。

### 6.2.4　重点抓好妇女扫盲工作，提高妇女文化素质

近年来，随着时代的发展，在各级政府大力提倡下，社会各种途径办学力量也在兴起，各种形式的农村妇女教育也得到了进一步的发展。但是在西藏，农村妇女文盲、半文盲大多集中在贫困边远山区乡村，其文盲妇女基数大，扫盲任务十分重，是全区扫盲的重点及难点。尽管各级政府和组织每年开展乡村扫盲工作，但突击扫盲或者阶段性扫盲工作效果不显著，解决不了根本性的问题，影响乡村妇女文化素质的提高。因此，要为农村妇女开辟多层次、多渠道的教育途径。这就要充分利用农村现有的学校、村民活动室和农家书屋等活动阵地，通过对口支援、开展争先创优强基础惠民生活动，特别是发挥驻村工作队的作用，找准有利于广大农村妇女受教育的有效方式，举办不同类型、不同级别的扫盲班、文化提高班，并开设职业教育课程。同时要认真研究形成符合西藏农村实际的扫盲教育长效机制，推进扫盲教育的长期化、科学化、规范化，促进

农村妇女文化水平和综合素质的提高。

　　党中央从我国社会主义现代化建设的全局出发，明确提出了推进社会主义新农村建设的要求。国家把农村教育摆在了一个重要的位置上，农村妇女逐渐成为农业生产的主体，但是农村妇女教育仍然处于一个相对落后的位置。农村妇女素质的高低对社会主义新农村的建设进程有很大影响。因此，大力发展农村妇女教育，努力提高农村妇女的整体素质，对西藏新农村建设具有基础意义和战略意义。

# 7. 家庭经济条件对农牧区妇女
# 受教育状况的影响

## ——以江孜县为例

江孜县位于西藏自治区南部、日喀则地区东部、年楚河上游，属高原温带半干旱季风气候区，夏季雨水充沛集中，温暖湿润，日温差大而年温差小，物产丰富，交通便利。经济结构以农业为主，兼有畜牧业。江孜县农牧区相对于江孜县城来说，社会基础建设、教育水平、经济水平等明显落后，特别是江孜县偏远的农牧区，家庭妇女作为农牧区人口组成的重要方面，其受教育状况等更是令人担忧。

## 7.1　调查方法和过程

2011 年 5 月至 10 月，"西藏农牧区妇女教育现状分析与对策思考"研究课题组人员采取分区域抽样调查方法，分批前往西藏日喀则、山南、那曲等地农牧区家庭走访，通过深度访谈、问卷调查等形式，了解农牧区家庭妇女受教育的基本情况，以及她们在家庭中的经济地位等，获得可靠真实的资料数据。本章拟以江孜县农牧区妇女为案例，分析研究农牧区家庭经济条件对农牧区妇女受教育状况的影响，提出意见及措施，以供有关部门参考。

## 7.2 现状分析

本次问卷调查共发放问卷 150 份，收回有效问卷共 92 份；问卷中的本人和调查对象均指妇女；数量指有效问卷中研究对象的对应统计数量。

### 7.2.1 江孜县农牧区妇女基本情况

在 92 个有效样本中，36～50 岁年龄段的妇女所占比例最高（22.8%），26～35 岁年龄段占第二位（19.6%），其中没有上过学的比例为 60.9%，高中以上文化程度仅占 5.4%。65.2% 的为已婚妇女，其中拥有三个及以上孩子的妇女占 35.9%（见表 7－1、表 7－2、表 7－3、表 7－4）。江孜县农牧区妇女大多在家务农，特别是较偏远、贫困的农牧区的妇女，更是过着足不出户的生活，由于农村重男轻女思想占主导地位，农村妇女文盲比例远远高于男子，而且年龄越大，比例越高。

表 7－1　被调查妇女年龄分布

| 项目 | 频率（人次） | 百分比（%） | 有效百分比（%） |
| --- | --- | --- | --- |
| 15 岁以下 | 1 | 1.1 | 1.1 |
| 15～18 岁 | 5 | 5.4 | 5.4 |
| 19～25 岁 | 17 | 18.5 | 18.5 |
| 26～35 岁 | 18 | 19.6 | 19.6 |
| 36～50 岁 | 21 | 22.8 | 22.8 |
| 51～55 岁 | 14 | 15.2 | 15.2 |
| 56～60 岁 | 2 | 2.2 | 2.2 |
| 61 岁及以上 | 14 | 15.2 | 15.2 |
| 合计 | 92 | 100.0 | 100.0 |

表 7 - 2    被调查妇女文化程度

| 项目 | 频率（人次） | 百分比（%） | 有效百分比（%） |
|---|---|---|---|
| 没上过学 | 56 | 60.9 | 60.9 |
| 初小（三年级及以下） | 4 | 4.3 | 4.3 |
| 中小（四、五年级） | 8 | 8.7 | 8.7 |
| 小学毕业 | 9 | 9.8 | 9.8 |
| 初中 | 5 | 5.4 | 5.4 |
| 高中 | 5 | 5.4 | 5.4 |
| 大专 | 3 | 3.3 | 3.3 |
| 本科及以上 | 2 | 2.2 | 2.2 |
| 合计 | 92 | 100.0 | 100.0 |

表 7 - 3    被调查妇女婚姻状况

| 项目 | 频率（人次） | 百分比（%） | 有效百分比（%） |
|---|---|---|---|
| 已婚 | 60 | 65.2 | 65.2 |
| 未婚 | 24 | 26.1 | 26.1 |
| 离婚或丧偶 | 8 | 8.7 | 8.7 |
| 合计 | 92 | 100.0 | 100.0 |

表 7 - 4    被调查妇女拥有孩子数量

| 项目 | 频率（人次） | 百分比（%） | 有效百分比（%） |
|---|---|---|---|
| 1 个 | 17 | 18.5 | 26.2 |
| 2 个 | 15 | 16.3 | 23.1 |
| 3 个及以上 | 33 | 35.9 | 50.8 |
| 合计 | 65 | 70.7 | 100.0 |
| 缺失 | 27 | 29.3 | |
| 合计 | 92 | 100.0 | |

### 7.2.2 江孜县农牧区妇女对教育的认识

随着新农村建设的推进，西藏各乡镇农牧区曾先后举办各种妇女再教育的活动，包括扫盲教育。而一些年龄偏大及偏僻农牧区的妇女思想观念和能力跟不上新形势，认为参加这类学习班既浪费时间，又浪费精力，学完后也没用，不愿意参加任何学习班。如表7-5、表7-6、表7-7及表7-8所示，在"是否参加过以识字为主的扫盲班"的选项中，90.2%选择"否"；对于"自己的知识结构是否适应当前农牧区的发展"，59.8%认为"不适应"，31.5%认为"基本适应"，认为"适应"的仅占总数的8.7%；在"是否参加过相关组织举办的教育培训活动"的选项中，选择"是"的仅占总数的23.9%，选择"否"的占76.1%；在"在社会转型期，自己应付及解决生活问题的知识与能力处于何状态"的选项中，认为"还可以"的占55.4%，认为"较为欠缺"的占28.3%。以上调查数据说明江孜县农牧区妇女对再教育的认识较为欠缺，由于她们长期在家务农，没有更多的机会与外界接触，常常满足于现状，导致她们思想观念相对较为陈旧，家庭传统经济方式制约她们接受新的知识。

表7-5 是否参加过以识字为主的扫盲班

| 项目 | 频率（人次） | 百分比（%） | 有效百分比（%） |
|---|---|---|---|
| 是 | 9 | 9.8 | 9.8 |
| 否 | 83 | 90.2 | 90.2 |
| 合计 | 92 | 100.0 | 100.0 |

表7-6 自己的知识结构是否适应当前农牧区的发展

| 项目 | 频率（人次） | 百分比（%） | 有效百分比（%） |
|---|---|---|---|
| 适应 | 8 | 8.7 | 8.7 |

续表

| 项目 | 频率（人次） | 百分比（%） | 有效百分比（%） |
|---|---|---|---|
| 基本适应 | 29 | 31.5 | 31.5 |
| 不适应 | 55 | 59.8 | 59.8 |
| 合计 | 92 | 100.0 | 100.0 |

表 7 – 7　是否参加过相关组织举办的教育培训活动

| 项目 | 频率（人次） | 百分比（%） | 有效百分比（%） |
|---|---|---|---|
| 是 | 22 | 23.9 | 23.9 |
| 否 | 70 | 76.1 | 76.1 |
| 合计 | 92 | 100.0 | 100.0 |

表 7 – 8　在社会转型期，自己应付及解决生活问题的
知识与能力处于何状态

| 项目 | 频率（人次） | 百分比（%） | 有效百分比（%） |
|---|---|---|---|
| 足够 | 14 | 15.2 | 15.2 |
| 还可以 | 51 | 55.4 | 55.4 |
| 较为欠缺 | 26 | 28.3 | 28.3 |
| 十分欠缺 | 1 | 1.1 | 1.1 |
| 合计 | 92 | 100.0 | 100.0 |

### 7.2.3　江孜县农牧区妇女家庭经济状况

（1）家庭主要收入来源

由图 7 – 1 我们可以看到，江孜县农牧区家庭的经济收入组成里面农产品收入占 90%，畜产品收入占 0.8%，本镇打工收入占 3%，外出打工收入占 5%，其他方式收入占 1.2%。由此可知，江孜县农民家庭经济结构比较单一，经济来源以农产品为主，其次是

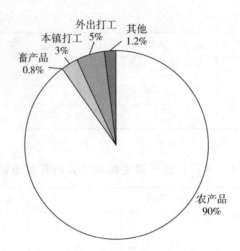

图 7-1　家庭主要收入来源

少数人外出打工，再次是本镇打工和畜产品。这说明，在农牧区家庭经济来源主要是"靠天吃饭，以土为生"，受自然环境的影响，农产品居多，畜产品基本是自产自销，自给自足；妇女长期居住在农牧区，与外界沟通少，外出打工赚钱的经济意识淡薄。这导致了家庭经济来源的单一和经济效率低下，因此，农牧区家庭经济收入来源少。

（2）家里农活主要谁干

由表 7-9 可知，江孜县农牧区家庭的农牧活，主要是"其他人员"做，所占比例为 51.1%，其次是夫妻共同承担，所占比例为 26.1%，再次是丈夫单独做，所占比例为 13%，妇女单独做的比例为 9.8%。这说明家里的孩子（由其他人员推知）相当部分在家里干活，这或多或少影响了他们的学业，从侧面反映了农牧区家庭接受教育的意识不够；妇女和丈夫一起承担家里的农活，一方面，家里少了有效劳动力赚更多的钱，这影响到家庭的经济收入，另一方面，妇女少了接受教育的时间和机会；妇女或丈夫单独干农活，本身就影响到了家庭劳动力的优化，同时也失去了与外界交流学习的机会，长此以往，必然导致观念落伍。

表 7 - 9　家里农活主要谁干

| 项目 | 频率（人次） | 百分比（%） | 有效百分比（%） |
|---|---|---|---|
| 本人 | 9 | 9.8 | 9.8 |
| 丈夫 | 12 | 13.0 | 13.0 |
| 夫妻共同承担 | 24 | 26.1 | 26.1 |
| 其他 | 47 | 51.1 | 51.1 |
| 合计 | 92 | 100.0 | 100.0 |

（3）家庭年收入

由图 7 - 2 可知，江孜县农牧区家庭的年收入仍然处于中下等水平。家庭年收入超过 1 万元的户数所占比例仅为 12%，达到 8000元的仅有 15%，年收入在 5000 元及 5000 元以下的家庭所占比例为24%。由此可知，少数人年收入勉强达到全区同期平均经济收入水平（2010 年西藏自治区地区生产总值约为 507.46 亿元，人均为10179 元）[①]，绝大多数人还在贫困线上挣扎。家庭贫困现象极为普遍，因此，家庭基本生活尚且不能完全保障，更高层次上的教育需求更是无从谈起。

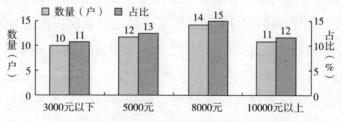

图 7 - 2　家庭年收入分布状况

---

① 张雷鸣：《西藏自治区农牧区家庭教育需求的经济文化分析》，《教育理论》2008 年12 月 26 日。

（4）家庭年结余

① 欠债及其原因

由表 7 - 10 可知，江孜县农牧区因盖房子欠债的户数比较多，大概为 15 户（有效调查户数为 92 户）；其次是买车和孩子上学导致欠债，分别为 3 户；最后是交通事故致使欠债，为 2 户。这说明，第一，"物质决定意识，先有物质生活的满足，再有精神层次的需求"，同时符合人的需求"金字塔"；第二，在农牧区国家施行"免补"优惠政策，保障农牧民的受教育权利，但同时我们也看到，少数家庭仍然因为孩子上学而负债，反映了农牧区家庭经济收入水平低下，生活水平远低于全国平均水准。

表 7 - 10　欠债及其原因

| 项目 | 户数 | 说明 |
|---|---|---|
| 盖房子 | 15 | |
| 孩子上学 | 3 | 总共 92 个样本，其中有 23 个样本 |
| 交通事故 | 2 | 提供了欠债原因 |
| 买车 | 3 | |

② 年结余

由表 7 - 11 可知，江孜县农牧区年结余欠债的家庭所占比例为 47.8%，其原因前面已分析过，刚够开销的户数所占比例为 31.5%，低于 3000 元的户数占 5.4%，年结余在 3000 ~ 10000 元的家庭所占比例为 10.9%，年结余大于 1 万元的家庭仅占 4.3%。这说明农牧区家庭大都是贫困家庭（用年结余与同期自治区人均地区生产总值 10179 元相比较），少数家庭年结余基本达到自治区年度人均地区生产总值，绝大多数人处于极度贫困阶段。由于年结余少，用于家庭日常开支的相对就少，生活水平上不去，基本需求无法满足，受教育就更无从谈起了。

表 7 – 11　年结余

| 项目 | 频率（人次） | 百分比（%） | 有效百分比（%） |
|---|---|---|---|
| 欠债 | 44 | 47.8 | 47.8 |
| 刚够开销 | 29 | 31.5 | 31.5 |
| 3000 元以下 | 5 | 5.4 | 5.4 |
| 3000 ~ 10000 元 | 10 | 10.9 | 10.9 |
| 10000 元以上 | 4 | 4.3 | 4.3 |
| 合计 | 92 | 99.9 | 99.9 |

（5）家庭经济支柱

由图 7 – 3 可知，江孜县农牧区家庭经济支柱主要是男性，所占比例为 16%，女性作为家庭经济支柱所占比例仅有 11%，夫妻共同所占比例为 23%。这说明，受传统"男尊女卑""性别意识"思想的影响，妇女在家庭中所扮演的经济角色弱于男性，所创造的经济财富比男性少，因此妇女的经济地位低于男性。马克思曾经说过，"经济基础决定上层建筑"，因此，"经济地位决定社会地位"，所以，妇女社会地位普遍低于男性。加之长期以来"男本主义"思想的影响，妇女对丈夫形成依赖，自主和独立的思想意识淡薄，在社会中的适应能力差，从而导致妇女没有更多接受教育的机会。

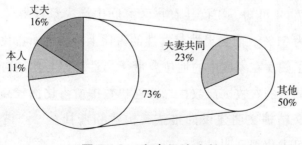

图 7 – 3　家庭经济支柱

（6）家庭经济主管

由表 7－12 可知，江孜县农牧区家庭经济主管主要是丈夫，所占比例为 26.1%，妇女所占的比例为 16.3%。因此，妇女对于家庭主管的权力要弱于男性。经济主管权决定家庭经济地位，进而影响妇女的社会地位，并且经济主管权决定经济支配权，经济支配权决定经济支出和投入方向，所以农牧区家庭妇女基本没有受教育的机会。同时，表 7－12 也从侧面反映出一个问题，由家庭经济主管的"其他"可以推知，家庭经济主管很有可能是孩子，说明农牧区家庭对接受教育普遍不够重视，其孩子很早就参与家庭劳动，失去了受教育机会，对孩子尚如此，更不要说家庭妇女本人了。

表 7－12　家庭经济主管

| 项目 | 频率（人次） | 百分比（%） | 有效百分比（%） |
| --- | --- | --- | --- |
| 本人 | 15 | 16.3 | 16.3 |
| 丈夫 | 24 | 26.1 | 26.1 |
| 夫妻一起管 | 9 | 9.8 | 9.8 |
| 其他 | 44 | 47.8 | 47.8 |
| 合计 | 92 | 100.0 | 100.0 |

（7）家庭中的生产决策权

由图 7－4 可知，江孜县农牧区家庭生产决策权中"其他"占比最大，为 51%。而在男性与女性的占比上，男性所占比要比女性大，体现了妇女在家庭中的地位要低于男性。但与此同时，我们也看见男女共管的农牧区户数在总调查户数中所占比例较高，说明随着社会主义精神文明建设的推进，构建和谐社会、和谐家庭的深入，家庭民主化程度明显提高。

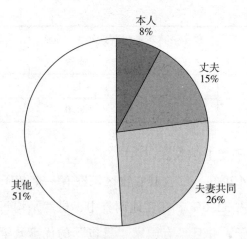

图 7 - 4　家庭中的生产决策权

### 7.2.4　家庭生活状况

（1）家里家务主要谁干

由表 7 - 13 可知，江孜县农牧区家庭家务主要是妇女干，所占比例为 59.8%，丈夫基本不干家务，丈夫做家务家庭所占比例仅为 1.1%。这说明几千年的传统思想和文化对农牧民家庭影响很大，"女子无才便是德"等思想植根于农牧民的传统观念中。因此，繁忙的家务，一方面使妇女在家中承担经济收入的能力低下，没有更多的时间和精力投入到其他各方面的社会活动中；另一方面，也导致妇女争先、公平参与社会各方面活动的意识不强，能力更是不够。

表 7 - 13　家里家务主要谁干

| 项目 | 频率（人次） | 百分比（%） | 有效百分比（%） |
|---|---|---|---|
| 本人 | 55 | 59.8 | 60.4 |
| 丈夫 | 1 | 1.1 | 1.1 |
| 夫妻共同 | 1 | 1.1 | 1.1 |
| 其他 | 34 | 37.0 | 37.4 |

续表

| 项目 | 频率（人次） | 百分比（%） | 有效百分比（%） |
|---|---|---|---|
| 合计 | 91 | 98.9 | 100.0 |
| 缺失 | 1 | 1.1 | |
| 合计 | 92 | 100.0 | |

（2）家里子女上学人数

由表7－14可知，江孜县农牧区家庭有一个孩子上学的户数在调查总户数中占32.6%。在实地调查中，虽然平均每个农牧民家庭有两到三个孩子，并且享有国家"三包"的优惠政策，但是在农牧区青少年入学率仍不高，说明农牧区家庭对于教育的重视程度不够，自我培养和自我提高的意识不强。

表 7－14　家里子女上学人数

| 项目 | 频率（人次） | 百分比（%） | 有效百分比（%） |
|---|---|---|---|
| 一个 | 30 | 32.6 | 49.2 |
| 两个 | 21 | 22.8 | 34.4 |
| 三个 | 7 | 7.6 | 11.5 |
| 四个 | 3 | 3.3 | 4.9 |
| 合计 | 61 | 66.3 | 100.0 |
| 缺失 | 31 | 33.7 | |
| 合计 | 92 | 100.0 | |

（3）家中有何种家用电器

由图7－5可知，江孜县农牧区少部分家庭有电视机和DVD，所占比例分别为28%和27%，拥有电冰箱的家庭也甚少，所占比例为13%，只有3%的家庭拥有洗衣机。这说明，农牧民接受外界时事信息的意识和能力不强，这受限于农牧区现有的基础通信设施条件，特别是偏远的农牧区更落后。此外，虽然他们固有的传统思想逐渐向现代化思想转变，但他们的消费意识依然不强。对于农牧区妇女来讲，她们的消费意识更多局限于家庭经济状况，导致农牧区妇女追求科学、科技的意识普遍较弱。

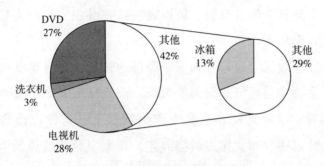

**图 7－5　家中有何种家用电器**

（4）休闲时做些什么

由图 7－6 可知，江孜县农牧区家庭妇女休闲时主要是做家务，看书报的比例仅占样本总数的 8%。这说明农牧区妇女主要精力和时间用于做家务，闲暇时也是屋里屋外忙个不停，部分人自娱自乐，看电视或是聊天。很少有人去主动接受文化科技教育培训，自主学习的意识和能力不强。

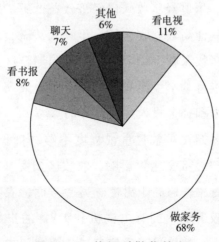

**图 7－6　休闲时做些什么**

# 7.3 江孜县农牧区家庭妇女接受教育存在的主要问题

综合上述直观问卷分析，可以发现江孜县农牧区妇女接受教育存在的问题有以下几点。

第一，农牧区家庭妇女在家中经济地位低，没有享受到广泛的受教育机会，参与经济建设的能力弱。调查结果显示，农牧区家庭在经济主管、经济支柱和家庭生产决策权上，男性占比均高于女性。这充分说明，妇女作为弱势群体，在家中经济地位低下，基本没有经济支配权，表现在社会层面为其社会地位较低，同男性相比，其社会竞争力弱，在同等权利和机会面前，她们的获得概率明显比男性低。加之长期形成的性别观念，妇女在社会上遭受歧视和非议，得到广泛受教育的机会严重不足，整体素质和能力降低，参与经济建设的能力弱小。

第二，农牧区家庭多数处于贫困线边缘，没有更多精力和资金投入教育领域。农牧区家庭经济结构单一，基本属于"靠天吃饭，靠山吃饭"模式，家庭经济收入以经济效益低下的农产品为主，畜产品为辅，没有其他高效创收途径；年收入甚微，基本属于自产自销，维持生计；多数家庭年结余更是低于同期全区人均地区生产总值，生活困苦。维持基本生活尚且勉强，遇上天灾人祸更是雪上加霜，根本没有精力和资金投入到教育方面。

第三，农牧区妇女对教育重视程度不够，自我提高意识不强。一方面，受传统"经济文化"影响，农牧区妇女基本没有接受正规教育，妇女的文盲率普遍高于男性。另一方面，农牧区基础通信等社会设施建设仍较薄弱，拥有电视机和DVD的户数较少，严重影响到农牧民及时、有效接受正确信息，从而在原本条件偏僻、信息闭塞的落后层面上更加一级。闲暇时妇女除了看电视和聊天，从事一些自娱和消磨时间的活动外，就是做家务，很少主动学习科技知识。同时，农牧区家庭孩子入学率不高，证明农牧区家庭对教育重视程度不够，对孩子尚且如此，更何况对妇女呢。因此，农牧区妇女接受教育的程度及对教育的重视程度直接影响下一代的健康成长。

第四，受传统地域文化影响，农牧区家庭普遍"守土观念"较重，择业意识不强。西藏地处高原，地广人稀，平均人口密度为2.3人/平方公里。受自然条件的影响，交通不便，尤其是农牧区。高山、高海拔、缺氧的独特环境使这些地区"与世隔绝"，世代居住在这些地方的农牧民更是"思家""守土"思想严重。他们不愿离家外出，只愿守候家园，长此以往，对外界缺少了解，与进步的时代脱轨。妇女的日常生活除了干农牧活，就是永不知疲倦地做烦琐的家务，丝毫没有其他创收的想法，从而使家庭经济来源单一，而这恰恰影响了家庭成员的受教育权利。

## 7.4 对策及思考

第一，加强和充分发挥媒体等的宣传教育作用，帮助农牧民家庭妇女提高和增强她们的自立意识和维权意识。上述对江孜县农牧区妇女受教育现状的分析，充分说明一点，传统观念因素对妇女思想的影响很大，导致女性从小就产生了依赖思想，自我独立和自力更生的意识和能力均不强，特别是西藏解放前的封建农奴社会对女性的摧残与压制所产生的影响根深蒂固。因此，提高女性地位与作用的宣传教育非常重要。一方面，充分利用现代技术择时、择地加强妇女的"四自精神"教育以及男女平等的国策教育，不仅可以通过电视、广播、手册、驻村干部组织大家集体学习等方式加以展开，而且投资建设一批一定范围内的集中学习站，既可以省钱又能保证宣传到位，不会产生工学矛盾等。要注重宣传新时期涌现出来的杰出妇女代表的先进事例，使农牧区妇女建立起自信心，充分认识到自己的社会价值和社会作用。另一方面，加强《中华人民共和国妇女权益保障法》在农牧区的宣传，使广大农牧区妇女树立起法律意识、权利意识和维权意识，使其勇于并敢于同广大男性竞争岗位，争先创造财富和价值。

第二，增加公益培训资金，广泛开展各种职业培训，提高妇女的职业技能和素质，进而提升经济地位。我们系统分析了江孜县农牧区家庭妇女受教育现状，很突出的一个问题就是妇女在家中经济地位低，究其原因是其没有文化，不能从事各种社会工作。因此，针对农牧区妇女的实际特点，瞄准市场需求，加强开展扫盲、促进增收、促进就业的各种培训技能活动，不仅可行性强，而且十分必要。一方面，开展基础文化普及的扫盲教育，动员、鼓励、支持农牧区妇女积极参与，使其具备基本的文化知识，为深度再教育打下基础，也为她们转变教育观念，转变家庭经济，更好地教育子女做好铺垫。另一方面，以促进农牧区妇女就业和农牧民家庭增收为目标，开展针对社会就业需求的职能培训，指导广大妇女就业观念转变，帮助其建立起社会工作的信心和能力。目前，西藏的第三产业特别是旅游事业蓬勃发展，如能实现农牧区妇女的工作转型，由专农向"农工"兼顾，对于贫困的农牧区家庭将是不错的选择。当然，我们的培训帮扶计划应当遵从"不违农时，不扰民"的原则，如此则会事半功倍，使农牧区妇女走上致富路。

第三，发展农牧区增收事业，帮助农牧区家庭脱贫，改善现有生活状况。江孜县农牧区妇女受教育状况不容乐观，很大层面上受制于家庭经济困难。由于农牧区家庭的经济收入来源单一，年结余基本刚够开销，年收入处于自治区平均水平之下，若是遇上意外事件更是雪上加霜。这样的家庭环境维持生计尚有困难，教育追求基本无力。因此，积极落实优惠政策，帮助她们脱贫已是刻不容缓。首先，政府应该放宽政策扶持和优惠（比如中小额贷款）范围，充分发掘农牧区经济增长点，鼓励广大农牧民转型就业；其次，结合西藏区情实际，带动和支持农牧区民族手工艺（江孜地毯、江孜奶制品）产业的发展，如此既解决了农牧民的富余劳动力安置问题，又发展了西藏的传统文化与特色经济，可谓一箭双雕。

第四，通过立法和严格执法保障，切实维护广大农牧区妇女的合法权益。尽管此次问卷调查中，未涉及妇女维权方面的问题，但是现实生活中难免会出现"女性受歧视"的现象，这给女性实现平等就业带来了麻烦。所以，应根据《中华人民共和国妇女权益保障法》，结合西藏发展实际，制定更加完备、具体、切实的地方法规，使维护妇女合法权益的工作有法可依。同时，要严格贯彻落实中央和地方政府各项有关妇女工作的指示精神，严格依法办事，坚决打击侵犯妇女合法权益的违法行为，这对农牧区妇女实现自身价值、公平就业，农牧区妇女事业健康发展，创造和谐社会具有重要意义。

第五，完善社会基本保障制度体系，保障农牧区家庭的基本生活。我们在调查中发现，江孜县农牧区不少家庭因为盖房、买车、孩子上学而欠债，还有因交通事故而负债。这些现象暴露了社会保障体系的不健全，以及保障工作的不扎实，也反映出农村社会公共管理中的不足，给农牧民家庭脱贫产生较大影响。同时，基本通信设施的不齐全，道路交通建设的不完备也或多或少制约了农牧民家庭的经济状况。我们必须确保我们政府的社保工作落到实处，为农牧区妇女安居创造一个良好的环境，使西藏社会和谐健康发展。

## 7.5 结论

"妇女撑起半边天",她们在社会的发展和进步中扮演着不可替代的角色,发挥着不可忽视的重要作用。一位哲人说过,"妇女进步和妇女事业的发展是时代进步的标志",妇女事业的兴衰关乎社会的发展。作为西藏社会发展中一支不可忽视的力量,作为提高西藏全民素质的关键环节,广大农牧区妇女的实际生活问题得到好的解决以及她们的切身利益得到较好的维护,成为当前农牧区家庭工作的重点。应当鼓励和大力支持农牧区妇女事业特别是科教事业的发展,提高她们的整体素质,促进家庭和全区生产总值增长,让她们充分发挥自身优势,在西藏跨越式发展中尽显自己的风采。

# 8. 西藏山南地区贡嘎县农牧区妇女教育探究

妇女是创造人类文明和推动社会发展的一支伟大的力量，也是衡量社会进步的必然尺度。本章从西藏农牧区妇女教育的考察出发，以访谈和抽样问卷调查的方式，对山南地区贡嘎县农牧区妇女的教育现状进行调查，探讨了农牧区妇女教育的基本现状和存在的主要问题，并提出了若干建议和对策，仅供有关部门参考。

## 8.1 贡嘎县基本概况

山南地区贡嘎县地处雅鲁藏布江中游河谷区和江南高山峡谷区，平均海拔 3750 米，属于半干旱温带高原季风气候，发育了温带半干旱河谷灌丛草原植被。该县区位条件优越，距西藏自治区首府拉萨市 50 公里，距山南地区经济、政治、文化中心——泽当 87 公里，西藏自治区最大的航空港——拉萨贡嘎国际机场位于该县。该县是农业生产大县，但高寒、干旱生态环境限制了农牧业发展，降水不足与时空分布不均也给农牧业生产带来了诸多不便。2010 年贡嘎县人口总数达 45708 人，其中妇女有 22612 人，占该县总人口数的 49.5%。①

---

① 《山南地区统计年鉴 2010》。

## 8.2　调查目的和意义

在新农村建设中农牧民是主体，其中妇女发挥着重要作用。新农村建设的核心内容和主要目标是"生产发展、生活宽裕、乡风文明、村容整洁、管理民主"，这离不开农牧区妇女的参与、智慧和创新，离不开妇联组织团结妇女、引领妇女、凝聚妇女、服务妇女的重要作用的发挥。能否在新农村建设中有效地提高农牧区妇女的文化科技素质、经营管理素质和思想道德素质，提高她们增收致富的能力，培养适应新农牧区建设的新型女农牧民，关系到贡嘎县农牧区经济社会发展全局，也关系到社会主义新农村目标的实现。对贡嘎县农牧区妇女受教育状况的考察，是我们研究贡嘎县农牧区妇女的素质和地位，更好地发挥她们在社会发展中作用的重要方面。作为祖国不可分割的一部分的西藏，面对新世纪、新阶段，在全国人民支援西藏的大好形势下要想更好地调动妇女的积极性、主动性和创造性，就必须真正了解和把握农牧区妇女受教育现状及目前存在的问题，以便有针对性地采取措施，来提高广大农牧区妇女群众的知识水平和技术能力，这是自治区妇女教育所肩负的一项十分重要而又艰巨的历史使命，任重而道远。为此，课题组选择了西藏广大农牧区妇女作为调查对象，并设计了专题问卷。本章便是利用访谈和发放问卷调查所得到的资料，对西藏山南地区贡嘎县部分农牧区妇女的受教育现状所进行的分析和探讨。

## 8.3　调查统计方法

### 8.3.1　样本的获取

本次调查以西藏山南地区贡嘎县的部分农牧区妇女为调查对

象，共发放问卷 100 份，总回收问卷 74 份，有效问卷 74 份。

### 8.3.2 样本基本情况

此次调查中，20~60 岁的受访女性占总人数的大多数，比例为 78.1%；这些女性的已婚率为 71.4%；抚养孩子在 2 个（及）以上的为 64.9%。这一年龄段的女性是西藏农牧区重要的劳动力量，对其所做的调查应能反映出同时期西藏农牧区女性的受教育现状，具有代表性。

## 8.4 贡嘎县农牧区妇女受教育的现状分析

### 8.4.1 受访者的个人基本信息

（1）受访者的年龄分布

表 8-1 说明了本次调查的被访者主要是 26 岁以上的农牧区妇女，占被调查对象的 94.6%。这一年龄阶段的女性是西藏农牧区中重要的劳动力量，对其所做的调查应能反映出同时期西藏农牧区女性的受教育现状，具有一定的代表性。

表 8-1　被访者的年龄结构

| 项目　　　年龄段 | 15~18 岁 | 19~25 岁 | 26~35 岁 | 36~50 岁 | 51~60 岁 | 61 岁及以上 |
|---|---|---|---|---|---|---|
| 频率（人次） | 1 | 3 | 18 | 31 | 19 | 2 |
| 百分比（%） | 1.4 | 4.1 | 24.3 | 41.9 | 25.7 | 2.7 |
| 有效百分比（%） | 1.4 | 4.1 | 24.3 | 41.9 | 25.7 | 2.7 |

（2）受访者的受教育状况

妇女接受教育是全面、平等参与社会政治、经济、文化的重要途径，也是衡量当今社会进步和文明程度的重要标志。只有提高妇女的受教育水平，充分发挥妇女群体的聪明才智，才能促进社会的全面进步。衡量妇女受教育状况的一个重要指标是受过各种程度教育的女性占女性总人数的比重。而文化程度是反映受教育状况的一个基本指标。①

从表8-2中可以看出，总体上受访者中没上过学（文盲）者最多，占受访者的82.4%。可以看出当地妇女的文盲率高于全国妇女的文盲率。小学三年级及以下文化程度占受访者的10.8%，中小（小学四、五年级）文化程度的占1.4%，小学毕业文化程度的占1.1%，初中文化程度的占1.4%，即未完成九年义务教育者累计占总受访者的14.7%。说明当地农牧区妇女的半文盲比例也过高。而当地具有初、高中文化程度的妇女的比例则远低于全国女性同一调查项目的比例。另外值得注意的是，在此次调查中大专及以上学历的人数为0，当地农牧区妇女受教育现状确实堪忧。

表8-2　受访者的文化程度分布

| 文化程度<br>项目 | 没上过学 | 小学三年级及以下 | 中小（小学四、五年级） | 小学毕业 | 初中 | 高中（中专、技校、职高） | 大专及以上学历 |
|---|---|---|---|---|---|---|---|
| 频率（人次） | 61 | 8 | 1 | 1 | 1 | 2 | 0 |
| 百分比（%） | 82.4 | 10.8 | 1.4 | 1.1 | 1.4 | 2.7 | 0 |
| 有效百分比（%） | 82.4 | 10.8 | 1.4 | 1.1 | 1.4 | 2.7 | 0 |

（3）受访者的职业及经济状况

在对本县农牧区妇女所从事的职业的调查中发现（见表8-3），总体上农村妇女仍主要以务农为业，人数为66人，占受访者

---

① 贺小军：《甘肃省少数民族妇女受教育状况实证分析研究》，《甘肃农业》2006年第4期。

的 89.2%，其次为商业服务人员，占 5.4%，而以牧为主及全职家庭主妇的妇女仅占被调查人数的 1.4%。同时对受访者的月收入进行统计后得出：月收入在 2000 元以下的占总人数的 50.8%；月收入在 2000~4000 元的为 22%；月收入在 4000 元以上的仅为 5.5%。在问及"休闲时您都做些什么"时，48.4% 的妇女回答是做家务。由此可见，广大农牧区妇女终日操劳于农业生产和家务劳动，但农产品的经济收入并不理想。因此，进行相应的农业技能培训，使农牧民增收势在必行。

表 8-3　受访者的职业分布状况

| 项目＼职业 | 商业服务人员 | 以牧为主 | 以农为主 | 全职家庭主妇 | 学生 | 自由职业者 |
|---|---|---|---|---|---|---|
| 频率（人次） | 4 | 1 | 66 | 1 | 1 | 1 |
| 百分比（%） | 5.4 | 1.4 | 89.2 | 1.4 | 1.4 | 1.4 |
| 有效百分比（%） | 5.4 | 1.4 | 89.2 | 1.4 | 1.4 | 1.4 |

（4）受访者的子女概况

本次受访者的已婚率达 71.4%，家庭拥有子女率为 81.3%（见表 8-4）。从子女的上学状况来分析，特别是在有两个或三个以上孩子的家庭中子女的就学率并不高（见表 8-5），说明受访者的总体教育意识不强，还没有认识到教育的重要性。因此，在该县还需不断加强国家的"普九"教育，并须正确引导和提高农牧区家庭供子女读书的积极性。

表 8-4　受访者家庭拥有子女数

| 项目＼拥有子女数 | 1 个 | 2 个 | 3 个及以上 |
|---|---|---|---|
| 频率（人次） | 9 | 19 | 40 |

续表

| 项目＼拥有子女数 | 1 个 | 2 个 | 3 个及以上 |
|---|---|---|---|
| 百分比（％） | 12.2 | 25.7 | 54.1 |
| 有效百分比（％） | 12.2 | 25.7 | 54.1 |

表 8－5　受访者家庭上学的子女

| 项目＼上学子女数 | 0 个 | 1 个 | 2 个 | 3 个及以上 |
|---|---|---|---|---|
| 频率（人次） | 15 | 29 | 21 | 9 |
| 百分比（％） | 20.3 | 39.2 | 28.4 | 12.2 |
| 有效百分比（％） | 20.3 | 39.2 | 28.4 | 12.2 |

### 8.4.2　受访者的健康教育需求

在受访者的健康教育需求的调查中我们发现：当被问到"您需要体检吗"的问题时，回答"需要"的有 30 人，占样本总数的 40.5％；回答"很需要"的仅有 6 人，占样本总数的 8.1％；回答"不需要"的有 31 人，占样本总数的41.9％；甚至还有占样本总数 9.5％的人认为"不清楚"。问到"您最近一次体检时间"的问题时，仅有占样本总数4.4％的人在当年体检过；在上一年体检过的占样本总数的 12.1％；已是两年前参加了体检的占样本总数 38.5％；值得重视的是，占样本总数25.3％的妇女从来没有体检经历。这说明在该县部分妇女能认识到健康的重要性，但还有更多的妇女对自身健康的重视程度不够。

### 8.4.3　受访者的教育培训需求状况

在本次调查中，参加过各种教育培训活动的农牧区妇女仅占样本总数的 2.7％，而占样本总数 97.3％的农牧区妇女没有参加过任何教育培训活动（见表8-6）。当问及"您认为自己的知识结构是否适应当前农牧区发展的需要"的问题时，回答"适应"的仅占样本总数的2.2%；回答"基本适应"的占样本总数的26.4%；回答"不适应"的占样本总数的50.5%。问及"在社会转型期，您认为自己应付及解决生活问题的知识与能力处于何状态"的问题时，回答"足够"的仅占样本总数的1.1%；回答"还可以"的占样本总数的15.4%；回答"较欠缺"的占样本总数的23.1%；回答"十分欠缺"的占样本总数的41.8%。总体上可以看出当地农牧区妇女们对教育培训的渴望。

表8-6　受访者所在单位、社区或乡镇举办妇女教育
培训的活动状况

| 项目 | 经常 | 偶尔 | 从来没有 |
|---|---|---|---|
| 频率（人次） | 0 | 2 | 72 |
| 百分比（%） | 0 | 2.7 | 97.3 |
| 有效百分比（%） | 0 | 2.7 | 97.3 |

然而在被问及"接受扫盲教育对自己是否有用"时（见表8-7），回答"一般"的占样本总数的44.6%；回答"没有用"的占样本总数的9.5%；回答"不好说"的占样本总数的45.9%，根据访谈部分当地妇女，发现多数农牧区妇女对教育这方面从不关心，尤其对自身的扫盲教育从不引起注意，她们没有认识到作为一名妇女和一位母亲的受教育程度对孩子成长的影响，母亲的文化教育直接影响孩子的教育。所以，这应引起有关部门的注意。

表8-7　受访者接受扫盲教育对自己是否有用

| 项目 | 很有用 | 一般 | 没有用 | 不好说 |
|---|---|---|---|---|
| 频率（人次） | 0 | 33 | 7 | 34 |

| 项目 | 很有用 | 一般 | 没有用 | 不好说 |
|---|---|---|---|---|
| 百分比（%） | 0 | 44.6 | 9.5 | 45.9 |
| 有效百分比（%） | 0 | 44.6 | 9.5 | 45.9 |

# 8.5　调查结果及原因分析

西部大开发，说到底就是人力资源的开发，占全县人口总数49.5%的贡嘎县妇女是开发贡嘎、建设贡嘎、促进贡嘎县经济与社会可持续发展不可或缺的生力军。然而，多种不利因素严重制约着农牧区妇女人力资源的开发。

## 8.5.1　农牧区妇女文化素质普遍偏低

任何一个社会，妇女受教育的程度总是与她们所处的社会地位相联系。众所周知，在相当长的历史时期内，西藏社会一直受封建农奴制的统治，广大农奴和奴隶遭受着沉重的压迫和剥削。无论在农区还是牧区，妇女都是主要的生产劳动者。在西藏传统的社会中，妇女承担了最繁重的劳动，却没有和男人一样的社会地位。旧西藏通行几百年的《十三法典》《十六法典》，把人分成三等九级，规定了人在法律上的不平等地位。法典规定："人有等级之分，因此命价也有高低。"上等上级人如王子、大活佛等，其命价与身体等重于黄金价值；而下等下级的人如妇女、屠夫、猎户、匠人等，其命价有如草绳一根。也就是说，妇女的生命和一根草绳的价值一样微不足道。[①] 长

---

① 《十三法典》是五世达赖喇嘛时期形成，17世纪最终以成文法形式制定的法典，其主要内容包括13条法律规定，因此得名。参见周润年等译注《西藏古代法典选编》，中央民族大学出版社，1994。

期以来西藏地处我国西南边陲的少数民族地区，自然环境条件艰苦，加之经济文化发展上的滞后性，现代教育起步较晚，以及民族宗教中的"男尊女卑"思想意识长期保留，因此整体上妇女文化素质偏低。此次调查显示：总体上受访者中没上过学（文盲）者占的比例最高，占样本的82.4%。可以看出当地妇女的文盲率高于全区妇女的文盲率，未完成九年义务教育者累计占总受访者的14.7%。该县农牧区妇女的总体教育水平较低，因而影响了农牧区妇女其他各方面的发展。

### 8.5.2  职业及经济状况问题

从调查数据中可以看出：占受访者72.5%的妇女，从事着"日出而作，日落而息"的传统田间劳动。但在家庭经济状况的调查中，"家庭主要收入来源"一项农业生产性的收入为主的仅占29.7%；相关"家庭经济支柱"的调查中选择"本人"的仅为6.6%；再结合"休闲时您都做些什么"的回答，"做家务"的妇女占受访者的48.4%，可以看出：妇女们终日忙碌于田间和家务，但她们的劳动回报是微薄的，因此她们的生活水平较低。在后续的对策中就应周到考虑农牧区妇女当前的思想观念、生产方式、生活水平等，以便做到有的放矢，因地制宜。

### 8.5.3  教育、培训问题

问卷中有关目前提供给受访者的各种教育培训状况的选择题结果表明，在当地进行的各种培训受到的评价是不容乐观的。受访者中82.4%为文盲，但问及"你是否参加过以识字为主的扫盲班"时，72.5%的受访者表示否定；当问及"您觉得接受扫盲教育后对自己是否有用"时，回答"一般"的占受访者的44.6%，回答"不好说"的占45.9%，甚至占总人数9.5%的受访者认为"没有用"，可以看出为了提高当地农牧区妇女的文化素质，相关部门虽然对她们进行了扫盲教育，但看来效果并不理想；在问及"您是否参加过相关组织举办的教育培训活动"时，回答否定答案者占78%；同样，当问及"您所在单位、社区或乡镇举办关于妇女教育培训的活动如何"时，回答"从来没有"的占受访者的79.1%；在问及"一年中，您参加的培训时间合计为多少"时，回答"从来没有"的为80.2%。这些调查数据是值得有关部门深思的。但令人欣慰的是从有关"接受教育培训的需求"调查的结果可以得知：在问及"您认为自己的知识结构是否适应当前的农牧区发展的需要"时，占受访者50.5%的妇女们表示"不适应"；当问及"在社会转型期，您认为自己应付及解决生活问题的知识与能力处于何状态"时，回答"较为欠缺"和"十分欠缺"的分别为23.1%、41.8%；当问及"您希望培训的时段最好安排在"时，累计100%的妇女选择了"培训时段"，但要注意的是53%的妇女希望在晚上接受教育培训。从这项调查可以看出，现今有更多的农牧区妇女是想不断提高自身的文化素质的，特别是学到一技之长等。这为我们加快发展农牧区妇女教育提供了契机。各级政府部门要创造条件为农牧区妇女提供学习机会，为她们脱贫致富铺平道路。

## 8.6　对策与建议

### 8.6.1　针对教育

（1）增强农牧区妇女的自我发展意识

妇女教育的发展关系到每个家庭乃至全民族素质的提高。提高农牧区妇女教育最根本因素就是要不断提高女性自身的认识和评价水平。由于历史、社会等诸多原因，西藏自治区农牧区妇女在生产、市场经济等方面的观念和意识明显滞后，与社会主义新型女农牧民的要求有一定的差距，导致在提高农牧区妇女素质等工作方面成效不明显。建议充分利用广播、电视、文艺演出、书籍等农牧区妇女喜闻乐见的宣传形式，多渠道、全方位地进行宣传。向她们阐述学习科学文化知识的重要性和提高妇女教育水平的重大意义。把教育和农牧区妇女的生产、生活有机的结合，让她们从实践中、从比较中真正懂得治穷必先治愚，亲身体会科学文化知识在发展生产中的效益，知识对脱贫致富的作用，由此更新观念并激发她们学习的主动性和积极性，唤起广大农牧民对农牧区妇女教育的重视。

（2）重视女童教育

妇女承担着繁衍后代的特殊职能，在控制人口数量和质量方面起着举足轻重的作用。未来将生儿育女而成为母亲的女童的教育状况如何，肯定会制约着未来母亲素质的高低，可以说女童教育对未来妇女、家庭和民族素质的提高影响会很大。毋庸讳言，重视对西藏农牧区女童教育是切实做好西藏农牧区人力资源开发的奠基工程。国家已对农村义务教育阶段学生全部免除学费，对农村贫困家庭学生免费提供课本和补助寄宿生生活费。这使农村家庭的教育负担得到了很大程度的缓解。因此要抓住机遇切实加强和落实女童教育。

### 8.6.2 针对培训

农牧区妇女的技能培训，是近年来逐渐被人们所认识，为妇女群众所喜爱、提高妇女素质的又一渠道。随着农村经济体制改革和农村产业结构的调整，科技兴农、科技致富已成为广大农村妇女脱贫致富的根本出路。在前面的分析中可以看出，该县农牧区大部分女性受教育程度比较低，文化素质不高，接受各类培训的机会很少，竞争力弱，制约了农牧区经济的发展。一些妇女接受培训后，因市场和生产发生变化而导致新的知识不够用；而一些新技术的培训和推广，又因受教育的人文化素质的影响和后期指导跟不上而成效不明显。农牧区妇女是农牧业科技成果的直接接受者、转化者，但众多的妇女由于受知识、经验、传统习惯和"风险意识"的制约，在接受科学技术时，往往徘徊犹豫。再加上农牧区教育、科技、文化、卫生等基本公共服务和社会管理职能极为有限，使得农牧区妇女接受文化技能教育的渠道狭窄，制约着妇女实现自身发展和增收致富。随着我国城镇化进程的加快，农村富余劳动力向非农业和城镇化转移，对从业人员的素质提出了更高的要求。因此，对农牧区妇女的教育除了提供文化教育课程和职业技术课程的教学内容以外，还应提供相应的现代生产技术、信息技术、心理健康、职业道德和创业等内容。要充分考虑妇女的就业需要，大力发展第三产业，特别是服务业，帮助她们从传统的种植业向非农产业转移。鼓励妇女自谋职业，促进妇女通过多种形式就业。不仅要追求培训内容的实用性，还要提高培训效率。

西藏妇女的教育实践证明：西藏妇女接受教育不仅是西藏女性社会地位提高的标志，而且是西藏妇女履行社会职责的基本因素，西藏妇女的智力源泉和潜能只有通过接受学校教育后，才能充分利用和发挥出来，西藏才能得到全面发展，西藏的进步才能通过解放和发展生产力得以加速实现，从而融入祖国复兴的伟大事业中。

总之，西藏农牧区妇女教育在西藏社会主义新农村建设中处于极其重要的位置，但是西藏农牧区妇女教育现在仍然相对落后，因此在新时期做好西藏农牧区妇女教育工作的意义深远而重大。只要我们对此予以高度重视并采取积极有效的措施，西藏新农村建设中的农牧区妇女教育一定会更上一层楼，西藏的新农村建设一定会呈现一派新景象。

# 9. 西藏山南农牧区妇女健康教育需求的调查及分析

## ——以乃东区为例

妇女作为社会的一个重要组成部分，在当今社会中已经越来越多地显现出其重要性。乃东区农牧区妇女对整个区的社会和经济发展等很多方面都具有很大的作用，因此调查和分析该区农牧区妇女健康教育需求对乃东区乃至整个西藏的社会经济发展都具有重大的意义。本章通过对该区的农牧区妇女进行抽样问卷调查，深入探讨了该区农牧区妇女健康教育需求的突出问题并提出了相关对策。

## 9.1 乃东区基本情况

乃东区位于西藏自治区中南部、冈底斯山南部、雅鲁藏布江中游。总面积2184.98平方公里，人口9.8万。境内地貌复杂，海拔高度在3532～3700米，雅鲁藏布江自西向东横贯区境中部。属高原温带半干旱大陆性季风气候，是西藏农牧业的精华所在地和主要粮食产区之一，素有"西藏粮仓"美称。该区交通便利，政府所在地距拉萨市191公里，距贡嘎机场97公里。全区公路四通八达，形成了以泽当镇为中心的、连接山南12县的公路交通网，是藏南的主要交通枢纽。工业主要以民族手工业为主，主要产品有民族服装、卡垫、藏被、藏药等，工业基础条件较好。该区是西藏历史文化渊源最深厚的西藏文明发祥地,有西藏著名的雅砻文化。旅游资源丰富,旅游业带动了该区经济的发展,且有较大的发展潜力。该区也是山南地区经济较发达的腹心地带,人口较稠密,是山南地区城市化水平最高的一个区。

## 9.2　实施调查概况

调查范围涉及乃东区各镇、乡、居委会等,采取随机抽样方法选取调查对象,调查对象均为该区农牧区藏族妇女。

调查采用问卷调查方法收集资料,问卷涉及农牧区妇女对健康教育的认识和健康教育需求方面的基本知识及未来采取的卫生健康服务等。本次调查总计发出问卷 100 份,回收有效调查问卷 64 份。问卷数量虽少,数据有限,但是分析结果仍能够体现乃东区农牧区妇女健康教育的需求状况。

## 9.3　数据分析

### 9.3.1　乃东区农牧区妇女文化程度

表 9-1 显示,乃东农牧区 62.5% 的妇女没上过学,20.3% 的妇女为小学 3 年级及以下文化水平,6.3% 的妇女为中小文化水平,7.8% 的妇女小学毕业,1.6% 的妇女为初中文化水平,1.6% 的为高中文化水平,大专、本科、硕士及以上的为 0。这些数据说明乃东区农牧区妇女扫盲问题到现在还没有得到彻底解决,在广大农牧区妇女中还存在很多文盲半文盲的现象。

表 9-1　被调查农牧区妇女文化程度

| 项目 | 频率（人次） | 百分比（%） | 有效百分比（%） |
| --- | --- | --- | --- |
| 没上过学 | 40 | 62.5 | 62.5 |

续表

| 项目 | 频率（人次） | 百分比（%） | 有效百分比（%） |
|---|---|---|---|
| 初小（三年级及以下） | 13 | 20.3 | 20.3 |
| 中小（四、五年级） | 4 | 6.3 | 6.3 |
| 小学毕业 | 5 | 7.8 | 7.8 |
| 初中 | 1 | 1.6 | 1.6 |
| 高中（中专、技校、职高） | 1 | 1.6 | 1.6 |
| 合计 | 64 | 100.0 | 100.0 |

### 9.3.2　乃东区农牧区妇女的职业

在被调查者中（见表9-2），职业以农业为主的妇女占90.6%，4.7%的妇女为商业服务人员，1.6%为学生，3.1%为自由职业者，这和整个西藏农牧区妇女的情况基本一致。在西藏农牧区，大部分妇女还是待在家里干农活，只有少数文化水平较高的去外面打工，目前大部分妇女还不知道除了农业以外其他挣钱的方法。有些仍然认为农业是最适合她们的工作，当然也有很多妇女想去城市里打工或经营一些项目等，但由于她们没有文化知识，各种想法和美好的梦想受到了限制。

表9-2　被调查妇女的职业组成

| 项目 | 频率（人次） | 百分比（%） | 有效百分比（%） |
|---|---|---|---|
| 商业服务人员 | 3 | 4.7 | 4.7 |
| 以农业为主 | 58 | 90.6 | 90.6 |
| 学生 | 1 | 1.6 | 1.6 |
| 自由职业者 | 2 | 3.1 | 3.1 |
| 合计 | 64 | 100.0 | 100.0 |

### 9.3.3　乃东区农牧区妇女月收入

被调查者中（见表9–3），56.3%的妇女月收入为800元及以下，40.6%的妇女月收入为801~2000元，3.1%的妇女的月收入为2001~4000元。月收入相对较低的那些是单纯以农业为主的妇女，乃东区农业均为一年一熟，以纯农业为主的妇女几乎没有月收入，她们只有年收入，即便有也是很少。月收入相对较高的或比较高的那些都属于离山南地区较近的妇女，她们的农田被国家征用或者是租给内地来西藏做蔬菜生意的人盖温室，因此这一部分妇女有的获取国家的征地补偿金，有的可以拿到月租金，所以比起乃东区农牧区其他妇女，她们的月收入相对比较高。

表9–3　被调查妇女月收入水平

| 项目 | 频率（人次） | 百分比（%） | 有效百分比（%） |
|---|---|---|---|
| 800元及以下 | 36 | 56.3 | 56.3 |
| 801~2000元 | 26 | 40.6 | 40.6 |
| 2001~4000元 | 2 | 3.1 | 3.1 |
| 合计 | 64 | 100.0 | 100.0 |

### 9.3.4　乃东区农牧区妇女体检需求情况及原因

被调查者中（见表9–4），1.6%的妇女很需要体检，51.6%的妇女需要体检，28.1%的妇女不需要体检，18.8%的妇女不清楚。体检对于一个人来说很重要，特别是对于妇女而言，但目前乃东区农牧区还有相当多的妇女对体检的认识不足，尽管与以前相比已有很大的进步，起码有51.6%的妇女认识到了体检的重要性，也意识到自己的身体需要体检。其中，不需要体检者中有9.4%的妇女觉得体检费用高，造成她们经济上的困难；有12.6%的妇女觉得身体很健康不需要体检。需要体检者中有 27.3% 的妇女觉得自己体质不好需要检查，如视力不好、胃病、胸口闷等一系列问题。

表 9 – 4　被调查妇女体检需求情况

| 项目 | 频率（人次） | 百分比（%） | 有效百分比（%） |
|------|------|------|------|
| 很需要 | 1 | 1.6 | 1.6 |
| 需要 | 33 | 51.6 | 51.6 |
| 不需要 | 18 | 28.1 | 28.1 |
| 不清楚 | 12 | 18.8 | 18.8 |
| 合计 | 64 | 100.0 | 100.0 |

### 9.3.5　乃东区农牧区妇女最近体检的时间

表 9 – 5 显示，有 1.8% 的妇女在上一年体检过，有 5.4% 的妇女在两年前体检过，有 92.9% 的妇女从没体检过。这说明乃东区农牧区妇女对体检的认识欠缺，当然，不体检可能也存在其他原因，比如受传统的制约，不好意思说出某些生理上的疾病等。

表 9 – 5　被调查妇女最近体检时间

| 项目 | 频率（人次） | 百分比（%） | 有效百分比（%） |
|------|------|------|------|
| 上一年 | 1 | 1.6 | 1.8 |
| 两年前 | 3 | 4.7 | 5.4 |
| 从没体检过 | 52 | 81.3 | 92.9 |
| 合计 | 56 | 87.6 | 100.1 |

### 9.3.6　乃东区农牧区妇女体检的主要项目

在被调查者中（见表 9 – 6），有 48.4% 的妇女需要内科体检，有 6.3% 的妇女需要外科体检，有 17.2% 的妇女需要妇科体检，有 3.1% 的妇女需要五官科体检，有 23.4% 的妇女选择其他。此数据说明乃东区农牧区妇女对内科检查看得最重要，但是也有相当多的妇女还不知道妇科体检指的什么，也不知道妇科体检有哪些项目。

表 9 - 6　被调查妇女体检的主要项目

| 项目 | 频率（人次） | 百分比（%） | 有效百分比（%） |
|---|---|---|---|
| 内科 | 31 | 48.4 | 49.2 |
| 外科 | 4 | 6.3 | 6.3 |
| 妇科 | 11 | 17.2 | 17.5 |
| 五官科 | 2 | 3.1 | 3.2 |
| 其他 | 15 | 23.4 | 23.8 |
| 缺失 | 1 | 1.6 | 1.6 |
| 合计 | 64 | 100.0 | 101.6 |

### 9.3.7　是否需要知道日常卫生健康知识

在被调查者中（见表 9 - 7），有 10.9% 的妇女认为很需要知道日常卫生健康知识，有 73.4% 的妇女认为需要知道日常卫生健康知识，有 15.6% 的妇女不清楚自己是否需要知道日常卫生健康知识。对于一名妇女来说日常卫生是很重要的，多了解关于妇女日常卫生健康的知识，有助于有效掌握自己的身体卫生状况。但在当前乃东区农牧区仍然有 15.6% 的妇女根本不知道自己到底需不需要了解日常卫生健康知识，尽管与以往相比妇女的卫生教育有了很大的进步，比如 10.9% 的妇女认为自己很需要了解妇女日常卫生健康知识，73.4% 的妇女认为需要知道日常卫生健康。因此，相关部门仍需支持和鼓励妇女的日常卫生教育，加大力度宣传日常卫生教育，使广大农牧区妇女有一个健康的身体。

表 9 – 7　被调查妇女对日常卫生健康知识的需求情况

| 项目 | 频率（人次） | 百分比（%） | 有效百分比（%） |
|---|---|---|---|
| 很需要 | 7 | 10.9 | 10.9 |
| 需要 | 47 | 73.4 | 73.4 |
| 不清楚 | 10 | 15.6 | 15.6 |
| 合计 | 64 | 99.9 | 99.9 |

### 9.3.8　乃东区农牧区妇女对艾滋病危害的认识

艾滋病，即获得性免疫缺陷综合征（又译：后天性免疫缺陷症候群），英语缩写 AIDS（Acquired Immune Deficiency Syndrome）的音译，已经证实的艾滋病传染途径主要有三条，其核心是通过性传播和血液传播，一般的接触并不会传染艾滋病，所以艾滋病患者在生活当中不应受到歧视，如共同进餐、握手等都不会传染艾滋病。在调查的乃东区农牧区妇女中（见表 9 – 8），有 67.2% 的妇女不清楚艾滋病是什么，不是很清楚的妇女占 23.4%，很清楚的妇女只占总数的 4.7%。数据显示，乃东区农牧区较多妇女不清楚"艾滋病"是一个当今社会很严重的性疾病。城镇化相对较发达的乃东区中相当多妇女都不知道"艾滋病"的危害程度，更何况西藏其他相对偏僻的农牧区妇女呢？她们可能从来没有听说过"艾滋病"这三个字。艾滋病危害很大，它会夺取人们最珍贵的生命，如果一个身患此病的妇女不知道艾滋病的危害，那么可能就会影响她那无辜的孩子。根治艾滋病在当前的医疗条件下依然很难做到。所以相关部门应该大力宣传关于艾滋病的知识教育，让农牧区妇女知道艾滋病的危害以及怎样才能防止这种病的传播。

表 9 - 8　被调查妇女对艾滋病危害的认识

| 项目 | 频率（人次） | 百分比（%） | 有效百分比（%） |
| --- | --- | --- | --- |
| 知道，很清楚 | 3 | 4.7 | 4.7 |
| 知道一些 | 3 | 4.7 | 4.7 |
| 不是很清楚 | 15 | 23.4 | 23.4 |
| 不清楚 | 43 | 67.2 | 67.2 |
| 合计 | 64 | 100.0 | 100.0 |

### 9.3.9　是否需要了解性传播疾病的知识

数据显示，在乃东区农牧区被调查的妇女中（见表 9 - 9），42.2%的妇女由于文化素质低不知道还有性传播疾病的存在，也不清楚自己到底需不需要了解性传播疾病的知识；1.6%的妇女很清楚地知道这些疾病，同时也很需要了解这方面的知识；46.9%的妇女知道这些疾病但不是很清楚，她们想了解这方面的知识。性传播疾病有很多，比如艾滋病等。这些疾病危害性很大，农牧区妇女必须了解关于性传播疾病的知识。在西藏很多较偏僻的农牧区，由于落后的传统观念，很多患病妇女不会到医院去治疗，更多的是在家里请喇嘛念经做法事来除去病魔，尤其是性疾病，患病之后根本不会谈，大多数人认为这是最耻辱的一件事，病了也不敢去医院，这些传统落后观念直接影响了农牧区妇女健康教育向前发展。

表 9 - 9　被调查妇女对性传播疾病知识的需求情况

| 项目 | 频率（人次） | 百分比（%） | 有效百分比（%） |
| --- | --- | --- | --- |
| 很需要 | 1 | 1.6 | 1.6 |
| 需要 | 30 | 46.9 | 46.9 |
| 不需要 | 6 | 9.4 | 9.4 |

续表

| 项目 | 频率（人次） | 百分比（%） | 有效百分比（%） |
|---|---|---|---|
| 不清楚 | 27 | 42.2 | 42.2 |
| 合计 | 64 | 100.1 | 100.1 |

### 9.3.10  是否需要了解优生优育知识

优生就是让每个家庭都有健康的孩子，优育就是让每个出生的孩子都可以受到良好的教育。优生优育的措施包括禁止近亲结婚、提倡遗传咨询和产前诊断等。如表9-10所示，乃东区农牧区妇女中不清楚需不需要优生优育知识的妇女占的比例为25%，但是作为一名妇女了解优生优育的知识是非常重要的。计划生育是我国一项重要的政策，妇女们应该注重这些内容，更要了解和学习优生优育方面的知识。

表 9-10　被调查妇女对优生优育知识的需求情况

| 项目 | 频率（人次） | 百分比（%） | 有效百分比（%） |
|---|---|---|---|
| 需要 | 42 | 65.6 | 65.6 |
| 不需要 | 6 | 9.4 | 9.4 |
| 不清楚 | 16 | 25.0 | 25.0 |
| 合计 | 64 | 100.0 | 100.0 |

### 9.3.11  对节育知识的了解

在乃东区被调查者中（见表9-11），23.4%的妇女不清楚"节育知识"，68.8%的妇女认为需要了解"节育知识"。节育知识是一名妇女应了解的问题，以往西藏农牧区妇女很少知道节育知识的存在，即便知道的也认为只是去医院做手术而已。当前与以往相比，虽然还存在不知道"节育"的妇女，但相对数量已经少了很多。随着时代的发展，如今农牧区妇女除了知道以手术节育方法外，还知道很多其他的节育方法，而且目前很多妇女已经很少通过手术的方法来节育。

表 9-11　被调查妇女对节育知识的了解情况

| 项目 | 频率（人次） | 百分比（%） | 有效百分比（%） |
| --- | --- | --- | --- |
| 很需要 | 1 | 1.6 | 1.6 |
| 需要 | 44 | 68.8 | 68.8 |
| 不需要 | 4 | 6.3 | 6.3 |
| 不清楚 | 15 | 23.4 | 23.4 |
| 合计 | 64 | 100.1 | 100.1 |

### 9.3.12　了解产前知识的重要性

产前知识关系妈妈和孩子的生命安全问题，但是在农牧区有31.3%的妇女不清楚自己需不需要了解产前知识的重要性这个问题，14.1%的妇女认为不需要了解，54.7%的妇女认为需要了解产前知识的重要性（见表9-12）。据访谈得知，以往乃东区农牧区只有10%左右的妇女才比较了解产前知识的重要性，这部分妇女实际上算是比较有文化的，其他没有文化的妇女不太了解产前知识的重要性。通常情况下，当孕妇临近孕产时，家里人习惯通过询问活佛或在家里请喇嘛念经等传统方式以求母子平安，这些习俗到目前虽仍然存在于民间，但比以前相对少了很多。如今农牧区妇女在健康教育方面已经有了很大的进步，起码认为"需要了解产前知识的重要性"的妇女已经占到总数的一半以上，但传统的民俗习性也会间接影响妇女健康教育，因此，只有提高妇女文化素质，才能摆脱落后的习俗。

表 9 - 12 被调查妇女对产前知识的需求情况

| 项目 | 频率（人次） | 百分比（%） | 有效百分比（%） |
|------|------------|-----------|--------------|
| 需要 | 35 | 54.7 | 54.7 |
| 不需要 | 9 | 14.1 | 14.1 |
| 不清楚 | 20 | 31.3 | 31.3 |
| 合计 | 64 | 100.1 | 100.1 |

### 9.3.13 接受健康知识的途径

数据显示（见表 9 - 13），从广播和报纸上接受健康知识的人很少，以前没有电视的时候从广播上接受的信息多，当前由于电视的普及，从电视上接受的信息最多。由于乃东区农牧区妇女整体文化素质不高，加上农村妇女一般情况下也没有时间看报纸杂志，她们从报纸杂志上获取的信息相对较少，在网上接受健康知识的人更少。很显然，西藏农牧区妇女接受各种健康教育知识的途径比较单一。

表 9 - 13 被调查妇女接受健康知识的途径

| 项目 | 频率（人次） | 百分比（%） | 有效百分比（%） |
|------|------------|-----------|--------------|
| 广播 | 3 | 4.7 | 4.7 |
| 报纸 | 3 | 4.7 | 4.7 |
| 电视 | 57 | 89.1 | 89.1 |
| 网络 | 1 | 1.6 | 1.6 |
| 合计 | 64 | 100.1 | 100.1 |

### 9.3.14 乃东区农牧区妇女当前最需要的卫生健康服务

数据显示（见表 9 - 14），当前乃东区农牧区妇女最需要的卫生健康服务选项中，检查治疗妇科疾病占43.8%，其次是产前检查服务和避孕节育措施服务，分别占15.6%。随着时代的进步和经济的发展，农牧区妇女的思想有了一定的解放，尽管她们很多是文盲，但她们通过电视等途径接受了一些妇女健康方面的知识，知道了与妇女相关的一些疾病，也了解了产前知识的重要性，同时知道了避孕节育措施的存在等。在了解了这些知识的基础上很多妇女也相应地了解了自己的身体情况，认识到自己需要哪一方面的卫生健康服务。尽管如此，仍然有一部分妇女不知道自己需要什么样的卫生健康服务。

表9-14　被调查妇女当前最需要的卫生健康服务

| 项目 | 频率（人次） | 百分比（%） | 有效百分比（%） |
|---|---|---|---|
| 生殖健康咨询服务 | 7 | 10.9 | 10.9 |
| 检查治疗妇科疾病 | 28 | 43.8 | 43.8 |
| 产前检查服务 | 10 | 15.6 | 15.6 |
| 避孕节育措施服务 | 10 | 15.6 | 15.6 |
| 高质量的节育知识 | 6 | 9.4 | 9.4 |
| 节育术后服务及治疗 | 2 | 3.1 | 3.1 |
| 性传染病防治服务 | 1 | 1.6 | 1.6 |
| 合计 | 64 | 100.0 | 100.0 |

## 9.4　存在的问题及解决对策

第一，乃东区农牧区妇女受教育程度低，扫盲问题没有得到彻底解决。

到目前为止，由于各种原因乃东区仍有很多农牧区妇女没有受过教育，文化素质普遍较低，在广大农牧区中仍然有很多妇女处于文盲或半文盲的状态。政府应加大对乃东区农牧区妇女教育的投资，建立教育机构，在乃东区各乡镇全面开展扫盲教育工作，让农牧区妇女能读懂最基础的藏文，相关部门应将与妇女健康教育有关的图书翻译成藏文。冬季是农牧区最闲的季节，把握好这个时机让有关专业人士到农牧区讲授妇女健康教育的课程，多宣传、多开设相关健康教育课程。让她们知道那些传染性疾病的存在和危害及其控制措施，使她们更好地维护自己的健康权益。

第二，乃东区农牧区妇女的经济收入低，就医难。

乃东区农牧区妇女的收入普遍较低，妇女的主要工作是在家做饭、看孩子、照顾老人以及在田地里干活等，一般情况下没有什么收入。这导致很多妇女看病难，基本上小病不去医院检查，万不得已才去医院就医。因此政府应该提出相应的政策解决这些问题，如每年免费为农牧区妇女检查身体，若有病及时治疗，医疗费根据农牧区合作医疗的报销比例报销等优惠政策；完善立法，以强有力的法律措施来解决乃东区农牧区妇女的就医难问题。

第三，乃东区农牧区妇女对"妇女健康"的认识不足。

通过此次问卷调查我们得知，乃东区农牧区妇女对妇女健康的认识严重不足，主要是受到她们的文化层次和经济收入的影响。目前还有相当多妇女从来没有体检过、不知道体检有哪些内容、有哪些性传播疾病的存在、产前检查的重要性，不了解妇女日常健康卫生知识和艾滋病是什么病及其危害等，总之她们对"妇女健康"这个问题不太了解。因此，政府应该及时解决乃东区农牧区妇女的文盲问题，可以由相关部门懂藏语的专业人员，以适当的时间用最基础的语言来给她们多开课，多宣传关于妇女健康的知识，最起码让她们知道自己身体是否健康。由此也可以提高乃东区农牧区妇女健康水平，不断地降低乃东区农牧区妇女疾病的患病率。

第四，传统的民族风俗习惯对乃东区农牧区妇女健康教育发展有一定的制约作用。

在西藏有很多民俗习性有些具有很大的价值，在实际生活当中起到了积极的作用，但有些相对较落后的民族习俗对于整个西藏的发展具有一定的消极作用，直接影响了乃东区妇女健康教育的发展。在西藏农牧区信仰宗教是普遍的，但有些错误的迷信观念对妇女的健康具有很多消极的作用，因此，相关部门应多宣传科学文化知识，让科技的力量吸引她们，让正确的思想来指导她们，用正确的方法来提高她们的健康水平，用各种方法来阻止她们少走弯路，不断地提高乃东区农牧区妇女的健康教育。

乃东区农牧区妇女接受健康教育的比例比以前有所提高，但同城市妇女相比仍然还有较大差距。

乃东区农牧区妇女因各种因素的限制，到目前为止，其自身素质还较低，但比以前有了很大进步。上述数据显示，至少40%左右的妇女上过学，知道那些传染性疾病的危害，也很需要或需要知道卫生健康知识，但与城市妇女相比乃东区农牧区妇女思想观念仍然比较落后。政府应该加大投资力度，更加重视农牧区妇女的健康教育方面，缩小城市妇女与农牧区妇女的差距，最终达到城乡一体化。

## 9.5　结论

妇女教育的成败关系到一个家庭乃至一个县，想实现乃东区的经济跨越式发展，必须得从农牧区抓起，实现农牧区经济的发展必须得先发展农牧区妇女的健康教育，让她们不断地学习、接受良好的教育，提高她们的自身素质、拓宽视界，用正确的方法来教育和培养孩子，让乃东区的下一代人在更好的环境下成长，让他们长大后为乃东区的经济发展做出贡献。为此，在经济跨越式发展过程中不能忽略农牧区妇女的健康教育问题，为了乃东区的将来，相关部门应该更加重视农牧区妇女的健康教育，加大给农牧区妇女宣传健康教育知识的力度。

# 10. 西藏农牧区妇女在家庭生活中角色和地位的演变

## ——以堆龙德庆区和那曲县为例

本章从历史和现实两个角度洞悉和比较了西藏妇女在家庭生活中角色和地位的演变，旨在体现社会制度变化对西藏妇女在思想、健康、教育等方面的促进作用。同时通过对当前西藏农牧区妇女在家庭生活中现状的调查，发现其中存在的问题，并提出笔者认为可行的解决方案，这将有利于西藏农牧区妇女在家庭生活及西藏社会经济发展中做出更大的贡献。

## 10.1 引言

女性在家庭生活中无疑扮演着十分重要的角色，她们通常操持家务、掌控家庭日常开支、分配家庭中有限的资源、教育子女和孝敬父母等。可以毫不夸张地说，女性在家庭中所扮演的角色及她们的地位直接关系到家人的生活质量和家庭的和睦。因此研究西藏妇女在家庭生活中角色和地位的演变有着重大的意义。众所周知，自西藏和平解放特别是民主改革以来，西藏直接由奴隶社会跨越到了社会主义社会，在这种社会制度飞跃的同时伴随的是人权和生产资料的平等化、物质资料的极大丰富、思想解放思潮得以涌入、传统社会分工和家庭观念的变化等。在这一系列重大变革中，原本处在社会最底层的西藏妇女得到的改变无疑是最显著的。笔者从微观的社会组成单元——家庭去研究西藏妇女角色和地位的演变，去洞悉社会重大变革对女性及家庭的影响，以及通过对比来展示社会主义制度的优越性，与眼下迫切需要的反分裂教育相联系。同时通过对这一课题的研究，去发现西藏妇女在家庭生活中存在的问题及妇女可发挥更大作用的潜力所在，并提出可行的问题解决方案和对妇女工作的建议，以达到促进西藏妇女身心健康、促进西藏家庭和睦、促进西藏社会和谐进步的目的。

## 10.2　旧西藏妇女在家庭生活中的角色和地位概述

西藏在和平解放前是黑暗、残酷无情的政教合一的僧侣和贵族专政的封建农奴制社会。当时占西藏人口5%的农奴主几乎占有所有的生产资料及农奴50%～70%的劳动成果，而占总人口90%以上的农奴没有土地、住房，甚至丧失了人身自由。在如此黑暗落后的社会中，广大的西藏妇女被法律规定为最低等的人，《十三法典》和《十六法典》中规定女农奴的命价等同于一根草绳，这更体现了广大西藏妇女地位之低。由于旧西藏很大一部分男性入寺为僧，这就使得西藏妇女往往要承担更为繁重的劳动，有的体力劳动甚至超过女性生理承受的极限。除此之外，旧西藏妇女在婚姻家庭中亦处于被奴役的地位，广大女农奴的婚姻完全受农奴主控制，恋爱婚姻自由纯属空谈。在农奴主眼里，妇女的价值仅限于劳动力和劳动力再生产的工具，其价值与牲畜等同。即便是贵族妇女，其在家庭中的地位也很卑微，可被当作礼物馈赠他人。藏史记载，吐蕃时期赞普中就有把自己的王妃作为接受灌顶的报酬献给前来传法的密宗师。[①] 除此之外，在大多数西藏人眼里妇女生产小孩是很脏的事，若在家里生产，产妇用过的东西都要扔掉，这对大多数旧西藏家庭是难以承受的，所以普通人家的妇女分娩只能在羊圈或牛圈中进行。即使是在大户人家，妇女分娩时也大不了是支一顶帐篷，且分娩过程除了有传统的接生婆相伴外别无其他保障措施，这对每个妇女，特别是初为人母的女性无疑是严峻的考验，毫不夸张地说，女性的生产过程都是与死神为伴的。也正是因为对女性生育不够重视，旧西藏孕产妇死亡率和婴儿死亡率分别高达5%和43%。[②]

通过以上概述我们可以大致了解和平解放前西藏妇女在家庭中所扮演的角色更多只是劳动者，而女性在家庭中也多是被奴役的。西藏和平解放后，特别是民主改革以来，西藏社会发生了翻天覆地的变化，那么西藏妇女在家庭中所扮演的角色和地位发生了哪些变化呢？现从如下几个方面来探讨这个问题。

## 10.3　新西藏妇女在家庭生活中的角色和地位演变的具体表现

### 10.3.1　女性在家庭中的决策权

若要说西藏妇女在家庭生活中地位有了明显提升，那么妇女在家庭生活中是否有话语权，或是女性在家庭做出一些重大决定时是否起决定性作用将是一个重要表现。因而对这类问题的探究和调查，将是对西藏妇女在家庭生活中地位明显提高的有力佐证。

西藏整个地域的地方性差异，使其形成了农区、牧区和半农半

---

① 西藏自治区对外文化交流协会：《西藏妇女问题浅析》，《中国藏学》1995 年第 3 期。
② 《西藏孕产妇死亡率和婴儿死亡率均达历史最低点》，新浪网，http://www.sina.com.cn，2004 年 6 月 28 日。

牧区三个较为明显的地域划分。农区和牧区自然条件迥异，其生产生活方式也差别甚大。农区以农耕为主、畜牧为辅，而牧区日常生产生活多与放牧有关，这种生产生活方式上的差异使得家庭生活方式也有明显不同。对于西藏妇女在家庭生活中的决策权的研究，2010 年国家社科基金特别委托项目"西藏农牧区妇女教育现状分析及对策思考"课题组开展了问卷调查，选取了典型的农牧区样本，农区以拉萨市堆龙德庆区为例，向当地妇女发放了家庭决策权问卷 48 份，回收有效问卷 48 份，其调查结果如表 10 - 1 所示；牧区以那曲县为例，向当地妇女发放了家庭决策权问卷 92 份，回收有效问卷 46 份，其余 46 份数据缺失，其调查结果如 10 - 2 所示。

表 10 - 1　堆龙德庆区决策权调查结果

| 项目 | 男人决定 | 女人决定 | 夫妻商议决定 | 其他 |
|---|---|---|---|---|
| 频率（人次） | 13 | 11 | 6 | 18 |
| 百分比（%） | 27.1 | 22.9 | 12.5 | 37.5 |

表 10 - 2　那曲县决策权调查结果

| 项目 | 男人决定 | 女人决定 | 夫妻商议决定 | 其他 | 缺失 |
|---|---|---|---|---|---|
| 频率（人次） | 5 | 25 | 8 | 8 | 46 |
| 百分比（%） | 5.4 | 27.2 | 8.7 | 8.7 | 50.0 |
| 有效百分比（%） | 10.9 | 54.3 | 17.4 | 17.4 | — |

　　通过对上述数据分析比较我们可得到如下结论：西藏农区家庭中具有决策权的男性仍占主导地位，但女性的话语权和决策比例也不低；而牧区女性在家庭生活中的决策机会明显多于男性，但是回收的有效问卷比例较低，这是因为堆龙德庆区和那曲县所处的地域存在差异，一个隶属于拉萨市，一个在相对闭塞的藏北草原，这就使得当地妇女在接受调查时的积极性和回答问卷的客观性都有差异。笔者认为

堆龙德庆区的数据更客观，更能反映出当前西藏妇女在家庭中的决策权现状，而那曲县妇女在家庭中决策机会是否如此之高还有待商榷。西藏传统观念中男性占主导地位这是不争的事实，但上述数据反映出如今的西藏妇女在家庭生活中有较多的决策机会，这证明西藏妇女在家庭中的地位明显提高。

据此，笔者得出结论，当前西藏妇女在家庭生活中已有了较多的决策机会。相比在家庭生活中受奴役压迫的旧西藏时期，如今西藏妇女的地位有了明显提升。

### 10.3.2 女性在家庭生活中从事的劳动及劳作时间的演变

藏族传统观念是崇尚勤劳、憎恨懒惰的，西藏妇女从来就具有勤劳朴实的优良品性。在家庭生活中，唯有勤劳才能使家庭和睦、生活殷实。旧西藏妇女虽艰辛劳作，却遭受着非人的待遇，得到的回报也只是最基本的衣食之需。若要证实西藏妇女在家庭生活中地位提升和角色转变，研究其日常劳作很有必要。为此笔者对农牧区妇女在家庭生活中从事的工作种类做了调查，其结果如表10-3所示。

表10-3　日常家庭生活中从事劳动的种类

| 堆龙德庆区 | 捡牛粪、挤奶、打水、生火做饭、织氆氇、酿青稞酒、打酥油、磨青稞、洗衣服、播种、浇水、除草、打农药、收割、扬场等 |
| --- | --- |
| 那曲县 | 挤奶、打酥油、磨青稞、捡牛粪、织氆氇、生火做饭、打茶、打水、洗衣服、照顾老人孩子等[①] |

资料来源：《西藏妇女的劳动和教育权利》，西藏昌都地区一高校网站，http://www.cdet.cn，2008年5月29日。

同时根据教育部重大项目"西藏妇女问题研究"课题组于

2009 年在西藏全区范围内抽样调查获取的 1792 份有效问卷的如下数据进行分析（见表 10 - 4）。

表 10 - 4 日常家务劳动的时间

| 项目 | 频率（人次） | 百分比（%） | 有效百分比（%） |
|---|---|---|---|
| 2 小时以内 | 337 | 18.8 | 19.6 |
| 2 ~ 3 小时 | 488 | 27.2 | 28.3 |
| 4 ~ 5 小时 | 399 | 22.3 | 23.2 |
| 5 小时以上 | 498 | 27.8 | 28.9 |
| 合计 | 1722 | 96.1 | 100 |
| 缺失 | 70 | 3.9 | — |
| 总数 | 1792 | 100.0 | — |

通过上述调查结果我们不难发现，农区和牧区妇女的家务劳动差别不大，只是农区妇女要参与田间劳动，而牧区妇女要参与更多与牲畜有关的劳动。农区妇女一年中有农忙和农闲的区分，参与田间农活大部分是在夏季丈夫外出务工之时，而当农活繁忙时，家里的男性是必须参与的。牧区女性一年中几乎每天都做相同的工作，只是夏季由于水草更丰盛，故工作量稍大。农牧区妇女从事的日常劳动的种类与旧西藏也没有多大的变化，但劳作的时间长短与旧西藏相去甚远。从上面引用的数据分析我们可知，当代西藏妇女日常家务劳动的时间总的来说还是比较合理的，日均劳作时间在 5 小时以下的所占比重达 71.1%，且劳动强度也是在妇女生理承受范围内。虽没有找到旧西藏与妇女劳动有关的数据，但从一些描述性的文献中可以看出，这样的劳动强度和劳作时间相比旧西藏还是有了很大的改观，这在很大程度上也保障了妇女的身心健康。除此之外，笔者也可喜地发现，一些代劳工具已广泛进入了西藏普通家庭，诸如用搅拌机打酥油茶、用洗衣机来提取酥油、用摩托车载水桶打水等，这些在很

大程度上减轻了妇女的劳动强度和劳作时间。

### 10.3.3 西藏妇女在家庭生活中经济地位的演变

经济地位无疑也是西藏妇女在家庭中角色和地位的反映，而经济关系又不外乎经济的收入和支出，简单地讲就是"挣"和"花"的问题，笔者着重从这两方面来探讨当前西藏妇女在家庭中的经济地位。旧西藏普通百姓家庭经济方面是很简单的，即夫妻二人整日辛勤劳作，绝大部分劳动成果被农奴主所占有，仅能得到勉强维持生活的微薄回报，所以也就无所谓谁是经济收入的主力。就经济支出而言，由于旧西藏极为落后的社会生产力和极不丰富的物质条件，普通家庭的开支也仅限于日常生活必需品，诸如食盐、衣物、酥油、器皿等，支出主要看哪种开销最为迫切，所以也无所谓谁是家庭支出的主导。总之，旧西藏普通家庭的经济活动是很微弱的，西藏妇女很难通过经济方面的活动来体现其在家庭中扮演的角色和地位。

随着西藏和平解放，特别是民主改革 50 多年来，西藏社会经济飞速发展，物质条件得到了极大改善，西藏普通家庭的经济活动也变得十分频繁。而在家庭生活中妇女扮演了何种角色呢？2011 年 7 月，课题组以堆龙德庆区和那曲县妇女为调查对象发放了"谁是家庭收入主导"和"谁是家庭支出主导"的问卷，两地分别发放问卷 46 份和 92 份，回收有效问卷均为 46 份，其调查结果如下（见表 10 - 5、表 10 - 6、表 10 - 7 及表 10 - 8）。

表 10 - 5 堆龙德庆区家庭收入主导调查结果

| 项目 | 丈夫主导 | 妻子主导 | 夫妻同为主导 | 其他 |
| --- | --- | --- | --- | --- |
| 频率（人次） | 19 | 8 | 4 | 15 |
| 百分比（%） | 41.3 | 17.4 | 8.7 | 32.6 |
| 有效百分比（%） | 41.3 | 17.4 | 8.7 | 32.6 |

表 10-6　堆龙德庆区家庭支出主导调查结果

| 项目 | 丈夫主导 | 妻子主导 | 夫妻同为主导 | 其他 |
| --- | --- | --- | --- | --- |
| 频率（人次） | 7 | 18 | 5 | 16 |
| 百分比（%） | 15.2 | 39.1 | 10.9 | 34.8 |
| 有效百分比（%） | 15.2 | 39.1 | 10.9 | 34.8 |

表 10-7　那曲县家庭收入主导调查结果

| 项目 | 丈夫主导 | 妻子主导 | 夫妻同为主导 | 其他 |
| --- | --- | --- | --- | --- |
| 频率（人次） | 8 | 9 | 17 | 12 |
| 百分比（%） | 8.7 | 9.8 | 18.5 | 13.0 |
| 有效百分比（%） | 17.4 | 19.6 | 40.0 | 26.1 |

表 10-8　那曲县家庭支出主导调查结果

| 项目 | 丈夫主导 | 妻子主导 | 夫妻同为主导 | 其他 |
| --- | --- | --- | --- | --- |
| 频率（人次） | 22 | 19 | 3 | 2 |
| 百分比（%） | 23.9 | 20.7 | 3.3 | 2.2 |
| 有效百分比（%） | 47.8 | 41.3 | 6.5 | 4.3 |

通过对上述数据的比较分析，我们不难看出，当前西藏妇女在家庭中无论是在经济收入还是经济支出上都扮演着比较重要的角色，其中家庭收入对女性的依赖程度又明显低于家庭支出对女性的依赖。且农区女性对家庭经济的贡献也低于牧区女性。男性在体质体力上的优势使得他们能承担更繁重的体力劳动，故男性能赚更多的钱。而女性天生细腻、敏感、考虑周全，安排家庭的支出可能更细致入微、面面俱到。所以多数地区女性在家庭生活中经济支出方面的贡献更大也是理所当然。而农区女性对家庭经济的贡献略低于牧区女性，这是因为农区重要的农耕生产活动（诸如耕地、收割、扬场等）对体力要求都很高，必须由男性参与才能完成，故男性的

贡献更为突出。而牧区男性更多只参与放牧，牲畜产品如肉、皮毛、奶、粪便等都要依赖女性才能转变成有交换价值的商品，故牧区女性对家庭经济的贡献较之农区女性更明显。总之，当前西藏妇女在家庭中的经济地位比起旧西藏有了很大的变化。这也反映了西藏妇女在家庭中角色和地位的演变。

### 10.3.4 新旧西藏妇女受教育机会的对比

藏民族文化起源于几千年前，在祖国多民族文化中独树一帜。而这绚丽文化的传承在旧西藏却受到严酷的等级制度的禁锢，有知识的仅是那些处于统治地位的宗教领袖、贵族、僧侣等。普通百姓则被看成"会说话的牲口"，几乎没有受教育的机会，而处在社会最底层的西藏妇女受教育的机会就更少，入寺为尼差不多是她们接受教育的唯一途径。随着西藏的和平解放，教育事业也在西藏蓬勃发展，大多数适龄妇女都走进学校接受正规的教育。2007 年西藏各级各类学校中女性的人数和比例情况如表 10-9 所示。

表 10-9　2007 年西藏各级各类学校女生人数及比例

| 项目 | 女生人数（人） | 女生所占比例（%） |
| --- | --- | --- |
| 高等院校 | 13293 | 49.7 |
| 中等专业学校 | 9529 | 50.2 |
| 普通中学 | 74419 | 41.3 |
| 小学 | 152968 | 47.8 |
| 总计 | 250209 | 49.8 |

资料来源：《西藏统计年鉴（2008）》，中国统计出版社，2008。

上述数据表明，西藏各级各类学校中女学生比例都差不多占到了 50%（普通中学中女学生比例为 41.3%），中专的女学生更是超过了 50%。女性有更多的机会接受教育，表明西藏妇女的整体文化素质有所提高。而素质的提高也有利于女性的日常生活学习和掌握劳动技能、合理安排家庭日常开支、科学地教育下一代、孝敬老人并促进家庭和谐。

广大西藏农牧区妇女当前受教育的状况如何呢？课题组就农牧区妇女是否参加过扫盲班和参加扫盲班是否对自己有用这一问题向堆龙德庆区和那曲县农牧区妇女发放了调查问卷，堆龙德庆区发放问卷 48 份，回收有效问卷 48 份，其调查结果如表 10 - 10 所示；那曲县发放问卷 92 份，回收有效问卷 46 份，其调查结果如表 10 - 11 所示。

表 10 - 10　堆龙德庆区妇女参加扫盲班调查结果

| 项目 | 参加过扫盲班 | 没参加过扫盲班 | 扫盲班有用 | 扫盲班无用 |
|---|---|---|---|---|
| 频率（人次） | 13 | 35 | 29 | 19 |
| 百分比（%） | 27.1 | 72.9 | 60.4 | 39.6 |
| 有效百分比（%） | 27.1 | 72.9 | 60.4 | 39.6 |

表 10 - 11　那曲县妇女参加扫盲班调查结果

| 项目 | 参加过扫盲班 | 没参加过扫盲班 | 扫盲班有用 | 扫盲班无用 |
|---|---|---|---|---|
| 频率（人次） | 15 | 31 | 31 | 15 |
| 百分比（%） | 16.3 | 33.7 | 33.7 | 16.3 |
| 有效百分比（%） | 32.6 | 67.4 | 67.4 | 32.6 |

通过对上述数据的对比分析，我们不难发现，当前西藏妇女中，受教育程度仍然较低，但相比旧西藏有了很大的改观。更重要的是，大多数妇女都认为接受教育对自己是有益的，这无疑会激发她们在今后的生活中主动去接受教育，我们也就有理由相信，在不久的将来，西藏妇女的科学文化水平将有很大的提高。

通过对上述四方面内容（西藏妇女在家庭生活中的决策权、从事的劳动种类及强度、经济地位、受教育机会）现状的调查及原因分析，我们不难发现，当前西藏妇女在家庭生活中所扮演的角色和地位较之旧西藏都发生了重大的转变，西藏妇女由原来的劳动力和生育工具演变成了有知识的决策者和有技能的劳动者。这一重大的转变有助于西藏普通家庭的和谐发展，也有助于西藏社会的和谐发展。

## 10.4　当前西藏农牧区妇女在家庭
## 生活中存在的问题

### 10.4.1　传统男主外、女主内观念严重

当前西藏妇女在家庭生活中的地位和所扮演的角色也并非尽善尽美，笔者在调查和研究中也发现了一些问题。

在研究和调查的过程中，虽明确调查的对象是女性，但许多妇女都认为这种调查属于"外"的范畴，这使得她们对调查采取回避的态度而更愿意把自己的丈夫推出来接受调查。这种现象也与地域文化有关系，对于相同的问卷，笔者发现堆龙德庆区的妇女的积极性明显高于那曲县。究其原因，堆龙德庆区隶属于拉萨市，妇女有更多机会接触新鲜事物，且妇女在家庭中的地位也更容易受先进思潮的影响。而那曲县地处藏北草原，位置偏僻且人口密度小，人们更多的是按部就班地生活在自己的圈子里，传统观念容易得以保留且根深蒂固。

### 10.4.2　对教育和培训的机会态度漠然

在调查和走访中我们发现，无论是农区妇女还是牧区妇女都有机会接受科普教育和技能培训，这其中包括政府组织的一些活动，

也有非政府组织的志愿活动。但据笔者了解，大多数妇女对参加这种教育和培训的积极性不是很高，即便是花大力气请来知名专家为其授课，到场的妇女也寥寥无几。究其原因，她们每天的生活和劳作都是程式化的，加之劳动力缺乏和家务烦琐，若是去参加培训或是接受教育就会丢下很多活，到最后仍要自己去处理，这样会让她们牺牲休息时间，从而感到更加疲惫。当然，这其中也有"男主外、女主内"观念的影响，他们认为接受教育或培训属于"外"的范畴，理应由男人参加。

### 10.4.3　接受新事物的能力弱

当前许多西藏普通家庭中都有了一些现代化的代劳工具和通信工具，而对于这些工具广大妇女却很难运用自如，这种现象在牧区更为显著。例如，现今许多西藏家庭都有打酥油茶用的搅拌机，广大的农牧区妇女却难以熟练操作这一代劳工具，她们更愿意使用传统的酥油桶打茶，这无疑增大了妇女的劳动量。即便是家里丈夫和小孩都能熟练操作，但广大妇女表现出来的学习能力让人失望。再如，手机在当前已相当普及，广大农牧区妇女却少有能熟练掌握的，即使是来电铃响，也大多选择叫丈夫或小孩接听。究其原因，这些代劳工具和通信工具与传统事物有很大差异，虽操作简单，但对于文化素质普遍较低的西藏农牧区妇女来说仍是不小的挑战。

### 10.4.4　健康意识淡薄

西藏自和平解放以来，卫生事业飞速发展，广大的农牧区也有了专门的医疗机构和数量众多的赤脚医生。而广大的农牧区妇女在身体不舒服时却不愿意去看医生，她们更多的是采用一些传统疗法或做一些佛事活动寻求心灵的慰藉。这并不是因为她们不相信医药对健康的作用，更多的是受客观条件的限制。要么是路途远，费时费事；要么是经济拮据，舍不得花钱；有时也的确是家务繁忙，若丢下不管就会给家庭造成一定损失。健康意识淡薄不仅表现在寻医问药不积极，也表现在不遵医嘱用药，不注重休息，这大多也与经济条件和家务劳动有关。

### 10.4.5　消费理念陈旧

当前西藏经济社会飞速发展，西藏妇女在家庭中也有较高的经济地位，这使得她们手里或多或少有一定数额的闲钱可支配。很多妇女多用这些钱来添置衣物或金银首饰，而对自己的健康、教育、保险的投资却少之又少，特别是在牧区，家庭财富主要表现在妇女的穿着和配饰上，这与当前认为的较为先进的消费理念相去甚远。

当然，当前西藏妇女在家庭生活中还有其他一些问题，以上五点是笔者认为较为突出且亟待解决的，并就如何改善和解决这些问题提出几点不成熟的建议。

## 10.5　对当前西藏农牧区妇女工作
## 的几点建议

### 10.5.1　努力改善基础设施

基础设施的建设，诸如交通、电力、通信、医疗等，看似与农牧区妇女的家庭生活毫无关联，实则千丝万缕。在基础设施的建设中，对劳动力的需求有利于改善家庭经济条件；基础设施改善后，方便了人与人的交流，有利于群众接受新事物和先进理念；基础设施的改善有利于减轻妇女劳作的强度和时间；有利于她们及时就医，使她们的健康得到保障。

### 10.5.2　加大对教育的投入

教育并非简单的学校教育，还包括社会教育、技能培训、素质普及等。加大对各种教育的投入，有利于人口素质的普遍提高。而妇女接受教育后的进步是显而易见的，若她们掌握了一定的科学文化知识，就能熟练地操作代劳工具和通信工具，这有利于减少她们的劳动时间，降低劳作强度，也有利于她们接受新事物和先进理念。同时，妇女接受更多的教育也有利于对下一代的教育和消费理念的改善。

### 10.5.3　提高西藏农牧区妇女的责任意识

在调查中我们发现，当前西藏农牧区妇女普遍对自己的处境比较满足，许多女性习惯于小家庭、小日子的自我定位，习惯于将自己定位于弱者的角色，缺乏责任感。而要从根本上消除这些问题，就要消除传统观念的束缚和自卑自弱的心理倾向，增强社会责任感。这样才能激发广大妇女学习知识的积极性和西藏社会经济发展的潜力，也有利于广大农牧区妇女在家庭生活中角色和地位的转变。

### 10.5.4　努力发掘西藏农牧区妇女在经济建设中的潜力

当前西藏妇女虽具备了一定的科学文化素养和技能水平，但很多农牧区妇女的文化素质仍较低，她们的活动大多局限于家庭中，即便她们能够胜任更艰巨更有意义的工作。所以在日常生活中，应更多地发掘妇女在经济建设中的潜力，让妇女接受形式多样的教育培训和生活技能培训，提高妇女的整体素质，解放思想，让她们不被家务劳动所束缚，积极走出家门，充分发挥她们的聪明才智，为西藏的经济建设做出更大贡献。

# 参考文献

次仁多布杰：《〈中国西藏教育改革与发展的理论研究〉评介》，
《中国藏学》1998 年第 1 期。

马戎：《西藏地区教育事业的发展》，《中国藏学》1998 年第 2 期。

郑真真、连鹏灵：《中国人口受教育状况的性别差异》，《妇女研究
论丛》2004 年第 5 期。

王天津：《西藏可持续发展教育研究与政策建议》，《民族教育研
究》2003 年第 2 期。

林海：《我省农牧区妇女扫盲现状及对策分析》，《青海社会科学》
2000 年第 5 期。

高书国、杨晓明主编《中国人口文化素质报告》，社会科学文献出
版社，2004。

李波：《西藏妇女接受教育情况论析》，《西藏民族学院学报》（哲
学社会科学版）2003 年第 6 期。

杨小峻：《对西藏教育现代化的思考》，《西藏研究》2002 年第
4 期。

姜秀花：《将性别平等与妇女发展指标纳入全面建设小康社会指标
体系——"全面建设小康社会与性别平等高级研讨会"在京召
开》，《妇女研究论丛》2004 年第 3 期。

索朗仁青：《西藏妇女教育的发展对策探析》，《西藏大学学报》
（社会科学版）2011 年第 3 期。

马燕：《对西部民族地区妇女教育的思考》，《中华女子学院学报》
2000 年第 5 期。

李强、颜虹、王全丽、康轶君、党少农：《西藏农牧区妇女孕产期
保健现状分析》，《中华流行病学杂志》2006 年第 1 期。

尼玛、巴桑卓玛：《加强农村卫生工作　积极开展合作医疗》，《西
藏医药杂志》2004 年第 4 期。

蒋振川：《浅析成人教育的现状与发展趋势》，《成人教育》2000 年
第 22 期。

李涛、汪和平、崔颖：《农村妇女健康相关知识行为现状分析与健
康教育策略探讨》，《安徽预防医学杂志》2007 年第 4 期。

《农村妇女健康教育现状及建议》，中顾法律网，http://www.9
ask.cn，2011 年 1 月 5 日。

王金洪：《当代西藏妇女的婚姻状况与家庭地位》，《民族研究》
1999 年第 3 期。

西藏自治区人民政府新闻办公室：《西藏自治区妇女境况》，1995。

西藏自治区妇联：《关于培养适应西藏社会主义新农牧区建设新型
女农牧民问题的几点思考》，2006 年 6 月 14 日。

李静、杨须爱：《甘青藏族妇女教育现状及其发展的民族学思考》，
《中南民族大学学报》（人文社会科学版）2008 年第 2 期。

赵杰：《妇女与教育》，《妇女研究论丛》2000 年第 3 期。

西藏自治区妇联：《西藏自治区妇女发展纲要（2001—2010）》。

杨凤：《当下女性能力发展的困境及根源》，《中华女子学院学报》
2007 年第 2 期。

佟新：《社会性别研究导论》，北京大学出版社，2005。

陈肖利：《波伏娃〈第二性〉对中国女性主义的启蒙》，《中华女子

学院学报》2009 年第 6 期。

辛自强:《心理发展的社会微环境》,《华东师范大学学报》(教育科学版) 2007 年第 2 期。

朱淑芳:《中国西部地区农村妇女教育、发展与就业》,《重庆工商大学学报》(西部论坛) 2006 年第 6 期。

黄敏:《澳大利亚女子高等教育发展的经验及借鉴意义》,《中华女子学院学报》2010 年第 3 期。

索朗仁青:《西藏妇女受教育状况的变化分析》,《西藏大学学报》(社会科学版) 2009 年第 3 期。

琼达、索朗仁青:《西藏妇女高等教育发展及其对策研究》,《中华女子学院学报》2010 年第 6 期。

德吉措姆:《坚持男女平等基本国策 进一步促进西藏妇女和妇女事业的发展》,《中国妇运》2004 年第 4 期。

西藏自治区对外文化交流协会:《西藏妇女问题浅析》,《中国藏学》1995 年第 3 期。

《西藏孕产妇死亡率和婴儿死亡率均达历史最低点》,新浪网,http://www.sina.com.cn,2004 年 6 月 28 日。

《西藏妇女的劳动和教育权利》,西藏昌都地区一高校网站,http://www.cdet.cn,2008 年 5 月 29 日。

《西藏统计年鉴 (2008)》,中国统计出版社,2008。

崔鲜香:《中国大陆的亚洲妇女研究综述》,《中华女子学院学报》2010 年第 2 期。

乔素玲:《教育与女性——近代中国女子教育与知识女性觉醒 (1840—1921)》,天津古籍出版社,2005。

王璐:《论藏族妇女的社会特性》,《西藏大学学报》(汉文版) 1999 年第 21 期。

湖北省妇女联合会、湖北省妇女理论研究会编《湖北妇女社会地位调查：1990～2000 年》，中国妇女出版社，2003。

李静、刘有安：《制约藏族妇女发展的民族心理因素及其成因》，
《西藏民族学院学报》（哲学社会科学版）2006 年第 4 期。

国家统计局人口和社会科技统计司：《中国社会中的女人和男人——
事实和数据（2004）》，中国统计出版社，2004。

赵树勤主编《女性文化学》，广西师范大学出版社，2006。

白玛主编《西藏地理》，西藏人民出版社，2004。

索朗仁青主编《西藏人口》，西藏大学人口研究所，2009。

琼达：《西藏拉萨已婚育龄妇女的婚姻与生育调查分析》，《人口与
经济》2007 年第 6 期。

琼达、次卓成、次旦欧珠：《西藏农村妇女社会地位变迁分析（英
文）》，《中国藏学》2015 年第 9 期。

# 附录1 2006~2016年开展西藏各农牧区妇女部分相关教育培训的报道汇编

　　2007年1月22日,《西藏20万农牧区妇女接受技能培训》,文章来源:《拉萨晚报》。

　　据了解,2006年自治区妇联认真实施"2225"工程,各级妇联在一年内通过各种方法培训农牧区妇女20万人次,妇女劳务输出20万人次,城镇社区妇女技能培训2000名,解决再就业500名。仅自治区妇联去年通过与建设厅、就业局等单位开展各种形式不一的建筑技能、餐饮客房等培训,就使不少农牧民和城镇妇女开拓了眼界,学到了知识,增加了收入。而在建筑技能这一项目上,就有186名妇女通过培训、劳务输出,获得了26万多元的实际经济收入。

　　2006年2月15日,《区妇联在羊嘎村举办农业科技知识巡回培训活动》,文章来源:西藏自治区妇联。

　　在开展保持共产党员先进性教育活动中,应山南扎囊县羊嘎村妇女的要求,区妇联在山南扎囊县羊嘎村举办了农业科技知识巡回培训。有羊嘎村及近村的132名妇女参加了培训。此次活动专门聘请了农科院畜科所、蔬菜研究所的有关专家,讲授了科学养殖和种植方法及牲畜防病治病方面的知识;播放了农村妇女卫生保健知识方面的录像等。还发放了价值1500元的农牧业和知识方面的书籍和物品。

2006 年 2 月 20 日,《05 年 17 万藏族妇女接受培训　劳务创收 3 亿余元》,文章来源:中国广播网。

近年来,西藏各级妇联组织千方百计开展各种培训、引导、援助等项目,很大程度上改善了西藏妇女整体素质和生活状况。2005 年,西藏各级妇联组织农牧业科技巡回培训、职业技能培训等,共培训妇女 17.8064 万人次;全区妇女劳务输出 16.4853 万人次,创收 3.54 亿元;吸收国际援助、国内及区内扶贫资金近 800 多万元。为切实改善农牧区妇女生产生活条件,增加农牧区妇女收入起到了积极的作用。

2006 年 9 月 21 日,《自治区就业局、妇联联合举办青年女性就业培训》,文章来源:西藏自治区妇联。

为进一步贯彻落实《西藏自治区人民政府贯彻国务院关于解决农民工问题若干意见的实施意见》精神,满足青藏铁路开通试运行以来,全区飞速发展的旅游服务市场对服务人才的需求,近日由自治区就业局、自治区妇联联合举办的拉萨地区青年女性就业服务技能培训班在西藏军区厨师培训基地举办了开学典礼。来自拉萨地区城关区、达孜、堆龙德庆、曲水县、墨竹工卡县的 50 名青年妇女参加了培训。据了解,培训采取了全封闭式的管理方式,重点讲授餐饮、客房服务等方面的技能知识,并对学员进行了军训。

2006 年 2 月 15 日,《区妇联举办城市待业女青年电脑培训班》,文章来源:西藏自治区妇联。

自治区妇联与西班牙人类慈善组织在区妇联培训中心联合举办了我区城市待业女青年电脑培训班。来自拉萨市城关雄嘎、扎细、拉鲁等 6 个居委会的 12 名待业女青年参加了为期 10 天的初级电脑知识培训。参加培训的学员年龄最大的 35 岁，最小的 18 岁，具有中专文化程度的 1 人，初中文化程度的 10 人，小学文化程度的 1 人。此次培训主要是帮助待业女青年掌握一些电脑基础知识，增加她们的就业机会，提高她们的就业能力。

2006 年 4 月 27 日，《拉萨举行农牧区贫困妇女美容美发技能培训》，文章来源：西藏自治区妇联。

近期，自治区妇联与拉萨父子一把刀理发店联合举办的农牧区贫困妇女技能就业培训班在拉萨开班。这次由自治区妇联组织，经过日喀则、山南两地妇联的认真筛选，确定了 20 名学员，并进行严格的体检后，赴拉萨参加就业培训。培训时间为 30 天，以美容美发技能、职业道德方面的知识为主要内容。培训结束后，合格者直接就业。

2006 年 6 月 27 日，《开办技能培训班妇女致富有门路》，文章来源：《西藏商报》。

自治区妇联拿出 2.3 万元与日喀则地区妇联联合举办了 7 天的劳务输出技能培训班，使农牧区妇女学到了一技之长。参加培训的人员多数来自日喀则地区南木林镇周边的贫困农牧民妇女，共 54 人，其中 47 人为该镇妇女。此次培训的内容易学、易懂、实用性强，培训结束后，学员们基本掌握了所学技能和知识。

2009 年 8 月 17 日，《拉萨妇联为牧民妇女举办职业技能培训班》，文章来源：《拉萨晚报》。

根据 2009 年农牧民培训指标计划，同时，针对当地度假村缺少服务员的现状，8 月 13 日，市妇联在当雄县公塘乡举办牧民妇女职业技能培训班。此次培训将分三个阶段进行，参加培训人数达到 70 人。培训期间由相关专业老师向牧民妇女们讲授餐厅服务的基本礼节、操作技能及餐厅服务员应注意的个人卫生等事项。同时，还教她们跳锅庄等民族舞蹈。通过培训，将使当地贫困妇女们学到一技之长，从而达到增加收入及提高生活水平的目的。培训结束后，市妇联及公塘乡政府将充分发挥其桥梁纽带作用，安排学员在当地度假村就业。

2009 年 5 月 12 日，《拉萨部分贫困家庭和县乡农民参加技能培训》，文章来源：《西藏日报》。

近期，由西藏自治区妇联、西藏手工艺发展中心、拉萨市妇联共同举办的皮革制作培训班在拉萨开班。来自拉萨市附近县乡的农民和部分困难家庭群众共 19 人参加此次培训。据西藏自治区妇联培训中心负责人介绍，举办此次培训班旨在帮助贫困家庭群众和近郊农民掌握一技之长，为今后依靠个人专长实现就业和帮助提高家庭收入奠定基础。据了解，此次培训筹备了一个多月，在课程设置、师资配备、教材选择和时间安排等各方面都进行了周密研究。培训内容丰富，具有很强的针对性和实用性。在为期半个月的培训中，学员们将具体学习皮革剪裁、旅游包、工艺包、实用包的设计与制作等皮革制作工艺。

2008 年 7 月 22 日，《拉萨市举办农牧民妇女家政培训班》，文章来源：西藏拉萨市妇联。

近期，拉萨市妇联在新兴职业技能培训学校举行了第三期农牧民妇女家政培训班。市委副书记王向明充分肯定了培训班的重要意义，希望参加学习的学员要刻苦学习，掌握劳动技能；要求主办方要切实维护好学员的权益，做好调研，延伸就业渠道，把好事办好。

2006 年 9 月 12 日,《拉萨女青年就业服务技能培训班开班》,文章来源:《西藏商报》。

2006 年 9 月 11 日下午,由自治区劳动就业服务管理局与区妇女联合会开办的拉萨地区女青年就业服务技能培训班开班,来自达孜县、曲水县、堆龙德庆县的 50 名失业女青年将在 20 天内接受餐厅服务技能培训,结业后由区劳动就业服务管理局推荐就业。据了解,此次培训实行全封闭式管理,培训主要包括服务基础理论、卫生消毒、表达能力、才艺表演等内容。

2006 年 5 月 12 日,《林周对牧区妇女开展技能培训》,文章来源:中国西藏新闻网。

林周县妇联举办的为期 7 天的农牧民妇女手工编织羊毛毛毯技能培训由全县 9 乡 1 镇的 50 名妇女参加了培训。此次培训是林周县妇联为拓宽农牧区妇女就业增收渠道,增强农牧区妇女参与新农村建设的积极性和创造性采取的措施之一。在培训中,专业技术人员向广大农牧民妇女传授了毛线缠绕、羊毛上色、毛毯的花样纺织、整条毛毯编织等技术。参加此次培训的妇女大部分为青壮年妇女,平均年龄仅为 26 岁。学员们在认真学习技术的同时,县妇联还向妇女宣传了《妇女权益保障法》、《新婚姻法》等知识。

2006 年 4 月 17 日,《西藏妇联赴墨竹工卡县开展妇女技能培训》,文章来源:《拉萨晚报》。

为了提高农牧民种养殖技术,切实促进农牧民增收,自治区妇联在墨竹工卡县科技局举办了为期三天的农牧民妇女科技实用技术培训班。此次培训的内容主要为家禽养殖、农禽防病、蔬菜种植技术、蔬菜病虫害防治等。邀请了区畜科所畜牧专家及农科院蔬菜中心专家为学员授课；区妇联权益部有关人员就有关母婴保健知识及新婚姻法，向学员进行了讲解。同时，受训人员针对藏鸡养殖、疫病防治、蔬菜种植等提出了很多实际操作问题，专家们耐心地为学员讲解、示范。此次参加培训人员达64人，受训人员均为该县的牲畜养殖户。

2006年9月15日，《拉萨市妇联培训万余名女科技明白人》，文章来源：中国西藏新闻网。

2006年9月13日，记者从市妇联获悉，在市委、市政府的大力支持下，市妇联陆续培训了13886名女科技明白人，通过"女科技明白人"的培训，这些女科技明白人已成当地致富能手，为当地经济发展起到了带头作用。女科技明白人培训活动针对不同层次的妇女，采取了不同的教育方式，形成了扫盲、初级实用技术、专业技术培训的培训网络。

2008年11月14日，《日喀则吉隆县妇联举办多种形式培训班》，文章来源：日喀则地区妇联。

近期，吉隆县妇联按照县委、县政府"3466"工作思路，努力提高农牧区妇女的思想道德水平和科技文化素质，举办多种形式的培训班，清理了妇女工作思路，增加群众现金收入，取得了良好的效果。

首先，2008年9月初，吉隆县妇联、县扶贫办、县劳动局、商务局、农牧局在吉隆镇吉隆村、帮兴村举办了为期23天的吉隆县蔬菜大棚温室种植技能培训，共有47名贫困群众参加，其中妇女29名。本次培训采取听、看、摸的办法，并专门从吉隆边防大队聘请有丰富种植经验的农技师和县农牧局技术指导员进行授课，实行

147

实地授课、实际操作。其次，于9月25（日）开始在5个乡镇政府举办妇女主任培训班，对41名村级妇女主任进行业务知识、现行农村政策、妇女权益维护、妇幼保健等方面的培训，来自各村的妇女主任及镇机关妇委会全体成员参加集中学习。此次培训的同时发放《结核病宣传手册》、"住院分娩的好处"、《婚姻法》等宣传资料600余份。

2008年11月13日，《日喀则萨迦县妇联为当地妇女举办科技培训》，文章来源：日喀则地区萨迦县妇联。

为了更好地围绕县委、县政府中心工作，进一步贯彻落实科学发展观，按照建设"生产发展、生活宽裕、乡风文明、村容整洁、管理民主"的社会主义新农村建设的要求，以提高萨迦县农牧区妇女劳动技能，促进农牧区富余劳动力转移，增加农牧区妇女收入，激励农牧区妇女全面参与新农村建设着力点为目的，培养壮大一支有道德、懂技术、会经营的新型农牧区妇女队伍。同时，通过培训，提高农牧区妇女增收致富的能力和应用先进实用技术的能力，使萨迦县农牧区妇女人力优势逐步转化为经济上的效益优势、新农村建设的发展优势，萨迦县妇联于近日举办了为期6天的科技巡回培训。这次科技培训主要涉及种植业、健康教育、家庭教育等内容。萨迦县十一个乡（镇）的107个村妇女主任和43个女能手参加了培训。参加培训人员对此次培训评价很高，她们希望妇联在日后多多举办此类对农牧区妇女最直接、最现实的培训。

2008年10月10日，《日喀则江孜县妇联举办妇女实用技术培训》，文章来源：日喀则地区妇联。

近期，江孜县妇联先后在本县奶牛养殖专业户相对较多的江热乡、江孜镇东郊村、年堆乡举办了4期农牧区妇女实用技术培训。

培训内容以奶牛养殖技术和宣讲时事政治为主，参加人数达 204 人，发放了价值 1000 元的学习用品和县妇联编印的妇女工作简明读本 204 份。通过培训，一是让更多的农牧区妇女掌握奶牛科学养殖技术，帮助妇女增收致富，把资源优势变为经济优势；二是进一步做好广大妇女的思想教育工作，进一步认识了党的富民政策，坚定听党话、跟党走，自觉维护祖国统一和民族团结。

2007 年 7 月 26 日，《萨迦县妇联举办了 07 年家政服务技能培训》，文章来源：西藏自治区妇联。

为适应市场经济的要求，努力提高农牧民妇女和待业青年家政服务水平及技能，拓宽致富渠道，萨迦县妇联于 2007 年 6 月 21 日与县劳动局联合举办了萨迦县 2007 年家政服务技能培训。地区妇联副主席达仓同志为学员们讲解了劳动者的维权知识。此次参加家政服务技能培训的学员来自该县各乡镇的农牧民妇女和行业青年，共 30 名，年龄在 16 至 25 岁之间，培训为期 7 天。重点讲授了刀的保养、菜的切法、食品卫生和菜的烧、炒、炖、卤等做法，涉及约 45 种菜。在 27 日下午进行了技能考试，让学员们一边进行烹饪操作，一边进行理论知识测试。30 名学员均顺利通过了考试，由县劳动局为她们颁发了职业技能培训合格证。县妇联积极为学员们提供了就业岗位 14 个，实现就业人数 25 人。

2007 年 4 月 25 日，《日喀则妇联培训妇女和劳务输出工作成效显著》，文章来源：日喀则地区妇联办公室。

按照地委、行署年度目标管理责任书的工作指标和区妇联"2225 工程"的目标要求，当地相关部门协调有关单位制定了"5751"目标任务，并分解到各部门、各县市，即全年计划完成妇女劳务输出 5 万人次；培训农牧区妇女 7 万人次；城镇妇女技能培训 500 人次；城镇待业妇女职介就业 125 人。"5751"目标任务得到了各级妇联的高度重视，纷纷协调相关部门，制订计划、狠抓落实，开展了大量的工作。地区妇联组织输送 60 多人参加了劳动和社会保障局举办的家政服务培训和美容美发培训；组织 30 多人参加了我会与扶贫办联合举办的纺织编织培训；先后联合科技局、扶贫办、农科所等单位举办了西瓜种植、羊毛纺织、烹饪、美容美发、综合职业技能等 5 期劳动技能培训班；江孜县的 80 名妇女在三个月中创收 18 万余元，昂仁县的 60 名妇女在 6 个月中创收 27 万余元；与达热瓦公司联系后组织转移了 30 名妇女劳力参与工程基建项目的建设；培训输出 25 名妇女从事家政服务工作。

各县市妇联也结合实际举办不同类型的培训班。日喀则市妇联协助有关单位 3 次往山东青岛输送 113 名待业青年参加培训和务工。拉孜县妇联对从事服务业的工作人员进行了业务技能及英语口语培训，在 9 个乡镇举办了"母婴保健卫生"培训。康马县妇联举办了农牧民汉语文扫盲培训和科学知识培训，在乡镇举办母子保健知识培训 15 次。

截至 10 月 20 日，全地区农牧民妇女劳务输出完成 53371 人次，妇女实用技术培训 70638 人次，城镇妇女技能培训 353 人次，待业妇女职业介绍及就业 208 人次。

2008 年 10 月 29 日，《山南贡嘎县农牧民妇女藏毯编织技能培训班圆满结束》，文章来源：山南地区妇联。

为进一步改善农牧民生产生活条件，提高山南地区农牧民妇女的劳动技能，拓宽其增收渠道，贡嘎县农牧民妇女藏毯编织技能培训班在县妇联和杰德秀镇嘎日民族手工编织厂的精心组织下，经过为期 30 天的集中培训，于近期圆满结束。参加培训的学员共计 40 人。

此次培训的内容主要包括：藏毯编织理论、毛线染色初级技术，照图、实物，编织技术，绣花技术等。在培训期间，广大参训人员严格遵守各项规章制度，听从统一安排，相互帮助和学习，杜绝安全事故发生，确保了培训顺利开展。

2008 年 9 月 8 日，《山南贡嘎县妇联联合卫生部门开展卫生健康培训》，文章来源：西藏山南地区。

为了满足农牧民群众对卫生健康知识的需求，提高村级医生的医疗理论知识和医技水平，了解掌握常见病的处理，贡嘎县妇联联合县卫生局、县人民医院举办了农村基层医生培训班，聘请专业医师讲解了健康卫生教育、诊断、基础护理、内外科、儿科、妇产科等方面的基本常识。

2007 年 9 月 24 日，《山南乃东地毯厂副厂长次仁琼达参加全国女经纪人创业研修班》，文章来源：西藏自治区。

2007 年 9 月 11 日，山南地区乃东地毯厂副厂长次仁琼达乘火车前往浙江省义乌市参加全国妇联和中华全国供销合作总社联合举办的全国女经纪人创业研修班。培训的主要内容有小商品基础知识和市场营销策略，商品流通渠道与客户管理，商务礼仪，相关法律、法规知识；财务会计基础知识及购销业务成本核算，经纪人从业理论与实务，来料加工技巧，营销案例介绍，考察义乌国际小商品大市场。此次培训时间为 9 月 16 日至 9 月 18 日上午，18 日下午至 19 日参加手工制品展洽活动。

2007 年 8 月 23 日，《山南桑日县绒乡举办农牧民妇幼保健知识培训班》，文章来源：山南地区妇联。

近期，在西藏扶贫基金会的大力支持下，山南地区桑日县绒乡政府和乡妇联举办了一期农牧民妇幼保健知识培训班，来自绒乡 14

个行政村的村主任、妇代会主任以及赤脚医生共48人参加了培训。西藏扶贫基金会和自治区社会科学院的专家通过理论知识讲解和图片说明等形式，用通俗易懂、简明朴实的语言向学员们讲授了妇幼医疗保健知识。经过为期6天的紧张培训，48名学员已基本掌握了农牧区妇幼医疗保健的有关理论和基础技能。

2006年9月6日，《山南曲松县开展妇女权益保障法知识竞赛活动》，文章来源：西藏自治区妇联。

2006年是我区实施"十一五"规划，加快推进跨越式发展和"五五"普法规划的开局之年，是妇女权益保障法修改后实施的第一年，也是妇联系统的"法制宣传年"。曲松县妇联为了增强广大妇女学法、懂法、用法、依法维护自身权益的意识，8月中旬，在全县范围内开展了以"尊重妇女、关心妇女"为主题的妇女权益保障法知识竞赛活动，共发放竞赛试题40余份，广大干部群众积极参与，答题回收率达100%。

2006年9月28日，《山南浪卡子县多却乡举办全村妇委会成员培训》，文章来源：山南地区妇联。

近期，山南地区浪卡子县多却乡妇联组织全村妇委会正副组长，进行妇女业务知识培训，由妇委会主任讲解外出务工增加现金收入知识及在社会主义新农村建设中充分发扬互帮互助的美德教育。广大妇女群众进一步了解掌握优生优育相关知识，学习掌握了一些农牧业技术及养殖知识，增强了保健意识，彻底消除了重男轻女的思想，为建设社会主义新农村建设起到了很好的督促作用。

2006年9月28日，《山南乃东县5名女青年到拉萨参加服务员培训》，文章来源：山南地区妇联。

近期，根据自治区妇联发展部通知，山南地区乃东县5名女青年到拉萨参加由自治区妇联举办的餐饮、客房服务员培训班，培训时间为20天。学员培训期间的食宿全部由自治区妇联承担。培训结束时进行考试，考试合格者由区妇联负责推荐就业岗位。

2006年12月15日，《山南对贫困妇女进行服务技能培训》，文章来源：中国西藏新闻网。

山南地区妇联联合地区农发办、劳动和社会保障局在拉萨举办培训班，对待业女青年进行服务技能培训。受训妇女掌握一技之长后，将凭借其拥有的服务技能开始吃"服务饭"。参加培训的50名学员均为来自山南地区10个县的贫困妇女。山南地区妇联通过积极与拉萨市城关区朝阳大酒店联系，学员在朝阳酒店经过理论学习和实际操作等阶段的培训，均较好地掌握了餐饮、客房服务的初级技能。现部分学员已和朝阳酒店签订了用工合同。

2006年2月15日，《山南错那县重视妇女干部的培养提拔》，文章来源：西藏自治区妇联。

山南地区错那县重视对妇女干部的培养和提拔，建立健全了妇女档案，积极向组织部门推荐妇女后备干部16名。同时通过选派工作积极、表现突出的妇女干部到内地高校学习、举办各类妇女干部短期培训班、选派妇女干部到重要的工作岗位上进行锻炼等方式加大对妇女干部的培养力度。2005年10月，提拔妇女干部5名（其中正科1名，副科4名），调整6名妇女干部到新的岗位进行锻炼。

2006年6月8日，《山南地区着手实施女性素质工程》，文章来源：山南地区妇联。

为贯彻党的十六届五中全会精神，落实以人为本的科学发展观，推进女性素质工程，提高妇女整体素质，山南地区妇联拟定了妇女培训五年规划，对地区妇女培训提出了明确要求。

从 2006 年起，力争用五年时间共培训妇女 3 万人，每年培训妇女 6000 人。其中地区培训 300 人，12 个县培训 5700 人，县一级培训任务根据各县妇女人数的多少来确定。争取培养一批懂经济、会管理、有技术、能创业的基层妇联干部；培养一批求真务实、敢想敢为的女领导干部；培养一批女导游、女服务员、农牧区女经纪人、女致富带头人。培训对象为 18 至 45 岁、具有小学及以上文化程度、能够带领群众脱贫致富的城镇及农牧区妇女。

2006 年 9 月 8 日，《昌都贡觉县妇联举办法律法规及形势教育培训》，文章来源：西藏自治区妇联。

昌都地区贡觉县妇联在自治区妇联的资金支持下，针对该县妇女特别是农牧区妇女文化素质偏低、法制观念淡薄、"帕措"宗教观念较深的现状，举办了法律法规及形势教育培训。乡（镇）妇联主任，村妇代会主任和县直各支部的妇女代表共 32 人参加了培训。

2007 年 8 月 21 日，《阿里妇女参加实用技能培训》，文章来源：《西藏日报》。

由阿里地区妇联举办的为期十天妇女技能培训班，共有 37 名来自农牧区的待业女青年参加培训，邀请了在美容、餐厅服务等方面具有丰富经验的专业教师授课。在为期十天的培训中，授课老师根据学员的实际情况，通过"亲身实践为主、理论教育为辅、兼以观摩讨论"的培训方式，全面系统地为学员讲解美容知识、餐厅服务技能、礼仪知识等，使全体学员基本掌握了美容和餐厅服务的基础知识。

通过这次培训，阿里地区妇女的就业渠道得到进一步拓宽。学员们的自尊、自信、自立、自强意识得到了增强，对从事服务业存有偏见的思想也有所改变。

2008年10月8日，《林芝妇联在工布江达县开展农村妇女实用技术培训》，文章来源：林芝地区。

2008年9月23日至26日，林芝地区妇联在工布江达县江达乡、朱拉乡举办了两期农村妇女实用技术培训。培训班专门聘请西藏农牧学院的两名老师讲解了牲畜的饲养、传染病的防治、农作物病虫害防治、蔬菜种植以及各种农药的使用方法等。参加培训的妇女有600多人，取得了良好的效果。

2009年8月19日，《全国妇联在林芝地区举办农牧区女经纪人培训班》，文章来源：《西藏日报》。

8月17日，全国妇联在林芝地区举行农牧区女经纪人培训班开班仪式。全国妇联发展部副部长牛丽华出席仪式并讲话。参加开班仪式的还有林芝县农牧区53名女致富带头人，其中农牧区女经纪人代表巴鲁在仪式上做了发言。此次培训班邀请了西藏农牧学院讲师藏语授课，主要内容有市场营销、惠农政策、种植养殖、病虫害防治等。

2011年7月15日，《感恩祖国 祝福母亲——西藏女干部能力建设专题培训班》，文章来源：西藏自治区妇联。

4月21～27日，来自西藏的各级女干部、女科技致富带头人共80人汇聚一堂，参加了由全国妇联人才开发培训中心、西藏自治区妇联、西藏扶贫办共同主办的"女干部能力建设"专题培训班。在中国共产党建党90周年和西藏和平解放60周年前夕，举办以"颂党恩，跟党走，做党的好女儿"为主题的培训班，目的是更好地引导和带领广大妇女参与西藏经济发展，促进社会和谐，实现西藏跨越式发展和社会长治久安。

2013 年 12 月 13 日，《林芝市妇联在察隅县举办农牧民妇女实用技术培训班》，文章来源：《林芝报》。

近日，林芝市妇联在察隅县举办了为期 3 天的农牧民妇女实用技术培训班，来自察隅县 6 个乡（镇）的 80 名农牧民妇女参加了培训。为了保证培训质量，培训班专门聘请西藏农牧学院老师、察隅县农牧局、卫生局援藏专业技术人员和市妇联工作人员围绕思想政治教育、农村劳动力转移、水稻育秧、畜禽疾病防治、妇女卫生保健知识及村妇代会工作职责等方面进行了授课。

通过培训，学员们进一步解放了思想，增长了知识，提高了能力，增强了信心。表示回去后一定将所学知识与村民共同分享，共同进步，共同致富。

2013 年 12 月 28～31 日，《〈西藏基层妇女干部能力素质培训班〉圆满结束》，文章来源：中国西藏网。

西藏妇联提升基层妇女干部能力素质培训班圆满结束，来自那曲地区比如县的 19 名村妇代会主任前往北京、四川等地参观学习，为期 18 天的培训让大家开阔视野，掌握知识，受益匪浅。

2015 年 8 月 24～25 日，《〈社会性别与家庭教育培训班〉在拉萨开班》，文章来源：人民网西藏频道。

西藏自治区家庭教育学会举办社会性别与家庭教育培训班。自治区妇联党组书记周世英参加开班仪式并做重要讲话。开班仪式由自治区家庭教育学会会长、自治区妇联副主席曹海清主持。各地市妇联主席和分管儿童工作的副主席；自治区家长学校家庭教育指导老师；幼儿园和幼教机构负责人；拉萨市全国示范家长学校家长代表百余人参加了培训。

2015 年 11 月 25 日，《西藏自治区妇联干部能力建设培训班开班》，文章来源：西藏自治区妇联。

为了提高我区妇联、妇女干部综合素质，按照全国妇联和自治区妇联培训规划，在全国妇联、中华女子学院的支持下，11 月 23 日下午，2015 年西藏自治区妇联、妇女干部能力建设培训班在中华女子学院举行开班仪式。

开班仪式上自治区妇联党组副书记、主席江措拉姆出席并讲话。她指出，本次培训共有来自我区（中）直和七地市的 80 名妇联、妇女干部，比之前培训班人数多、参训范围广，体现了全国妇联、中华女子学院对西藏妇联、妇女干部培训工作的重视与支持。中央和自治区党的群团工作会议的召开、中组部召开的关于培养选拔年轻干部、女干部、少数民族干部、党外干部工作座谈会等都给妇联、妇女干部带来前所未有的机遇和挑战，给广大妇联、妇女干部提出了新的更高的要求。通过学习培训，提升妇联、妇女干部综合素质，并树立西藏妇联、妇女干部的良好形象。

全国妇联组织部副部长冯曼东出席开班仪式。中华女子学院继续教育学院常务副院长李莲芝主持开班仪式。中华女子学院副院长、学院培训学院院长刘梦致辞，并向学员介绍了中华女子学院的建设和培训情况。

2016 年 11 月 7 日，《西藏第二期妇女电子商务培训班开班》，文章来源：《西藏日报》。

7 日，由西藏自治区妇联和自治区科技厅联合举办的西藏自治区妇联第二期妇女电子商务培训班开班。此次培训班以"互联网 +

妇女创业"为主题，以电商创业技能培训为核心，来自西藏 7 地市的 40 多名农牧民妇女参加了培训。

本次培训，围绕新时期家庭教育领域和当下家长关心的热点、难点，设计了 4 个课程，"儿童讲述能力的培养""性别教育差异优势助力成长""互联网助力群团工作""父母与子女的代际沟通"，中华女子学院邹敏教授、张健副教授、吴华副研究员、赵国奇助教分别围绕这 4 个课题进行了讲授，既有专业的理论系统知识，又有典型案例分析，还针对不同问题给出解决方法和技巧，理论与实践相结合，既有观点，又有生动的案例，对开展家庭教育工作具有良好的指导和借鉴意义。

2016 年 12 月 2 日，《西藏妇联系统干部赴台考察交流代表团开展行前教育培训》，文章来源：人民网西藏频道。

12 月 2 日下午，自治区妇联组织全区妇联系统干部组成的第二批赴台考察交流团一行 14 人参加了由自治区党委统战部台湾工作办公室举办的行前培训。自治区妇联党组副书记、主席江措拉姆，自治区台办副巡视员张蓉参加了会议。

# 附录2 调查问卷

## 西藏农牧区妇女教育状况调查问卷

妇女朋友：

您好！首先请原谅打扰了您的工作和休息！我们此次调查主要是想准确把握农牧区妇女接受教育的需求，把握农牧区妇女教育的发展状况，为政府相关部门提供决策参考，特进行此次问卷调查。您作为抽样的调查对象，您的建议或意见对于制定西藏农牧区妇女教育发展的政策与措施非常重要。希望得到您的协助！

本调查表不用填写姓名和工作单位，各种答案也没有正确错误之分。您只需要按照自己的实际情况选择合适的答案，谢谢您在百忙中抽出时间填写这份问卷。

衷心感谢您的支持与合作！祝您健康快乐！

西藏农牧区妇女教育研究课题组

二〇一一年五月二十八日

问卷调查要求与说明：

1. 此问卷为无记名问卷，不用署名，填写时请仔细审题，理解题意；

2. 请填写自己的第一感受，表达个人对教育发展的真实想法；

3. 请独立思考，根据答题要求填写选项，并请在做出选择的题号上划"√"；

4. 注意题目要求，请不要随意空项；

5. 请统一使用墨水笔或圆珠笔填写；

6. 回收问卷人员不得随意打开已答问卷，回收后请封卷上交。

## 一、填表人员基本情况

1. 您的年龄：

　　① 15 岁以下　　② 15~18 岁　　③ 19~25 岁　　④ 26~35 岁

　　⑤ 36~50 岁　　⑥ 51~55 岁　　⑦ 56~60 岁　　⑧ 61 岁及以上

2. 您的文化程度：

　　① 没上过学　　② 初小（3 年级及以下）　　③ 中小（4~5 年级）

　　④ 小学毕业　　⑤ 初中　　⑥ 高中（中专、技校、职高）

　　⑦ 大专（高职）　　⑧ 本科　　⑨ 硕士及以上

3. 您的职业：

　　① 专业技术人员　　② 商业服务人员　　③ 党政机关人员

　　④ 企业管理人员　　⑤ 以牧为业　　⑥ 以农为业

　　⑦ 全职家庭主妇　　⑧ 学生　　⑨ 离退休人员

　　⑩ 失业人员　　⑪ 自由职业者　　⑫ 其他（请说明）

4. 您的月收入：

　　① 800 元及以下　　② 801~2000 元　　③ 2001~4000 元

　　④ 4001~6000 元　　⑤ 6001~8000 元　　⑥ 8001~12000 元

　　⑦ 12000 元以上

5. 您的婚姻状况：

　　① 已婚　　② 未婚　　③ 离婚或丧偶　　④ 再婚

　　⑤ 其他（请说明）

6. 您有几个孩子：

　　① 一个　　② 两个　　③ 三个及以上

7. 您的户籍所在地：

　　① 拉萨　　② 日喀则　　③ 山南　　④ 那曲　　⑤ 其他

8. 当前您所居住的地方：

　　① 拉萨　　②日喀则　　③ 山南　　④ 那曲　　⑤ 其他

## 二、家庭基本状况

（一）家庭经济状况：

1. 家庭主要收入来源：

　　① 农产品　　　② 畜产品　　③ 本乡镇给别人打工

　　④ 外出打工　　⑤ 其他

2. 您家的农牧活主要谁干：

　　① 本人　　② 丈夫　　③ 夫妻共同承担　　④ 其他

3. 家庭年收入：

　　① 3000 元以下　　② 5000 元　　③ 8000 元　　④ 1 万元以上

4. 家庭年结余：

　　① 欠了债（原因）　　② 刚够开销　　③ 3000 元以下

　　④ 3000～10000 元　　⑤ 10000 元以上

5. 家庭的经济支柱：

　　① 本人　　② 丈夫　　③ 夫妻同为经济支柱　　④ 其他

6. 家庭的经济主管：

　　① 本人　　② 丈夫　　③ 夫妻一起管　　④ 其他

7. 家庭中的生产决策权为：

　　① 本人　　② 丈夫　　③ 夫妻一起决定　　④ 其他

（二）家庭的生活状况

1. 您家的家务主要谁干：

    ① 本人    ② 丈夫    ③ 夫妻一起干    ④ 其他

2. 您家有几个上学的子女：

    ① 一个    ② 两个    ③ 三个    ④ 四个

3. 您家中有何家用电器（可多选）：

    ① 电视机  ② 洗衣机  ③ DVD/VCD  ④ 冰箱  ⑤ 其他

4. 休闲时您都做些什么？

    ① 看电视  ② 做家务  ③ 看书报  ④ 聊天  ⑤ 其他


## 三、健康教育的需求

1. 您需要体检吗？（请说明原因）

    ① 很需要    ② 需要    ③ 不需要    ④ 不清楚

    原因：_____

2. 您最近一次体检时间：

    ① 今年    ② 上一年  ③ 两年前  ④ 从没体检过

3. 您需要体检的主要项目：

    ① 内科    ② 外科    ③ 妇科    ④ 五官科

    ⑤ 其他

4. 您需要知道日常卫生健康的知识吗？

    ① 很需要    ② 需要    ③ 不需要    ④ 不清楚

5. 您知道艾滋病的危害吗？

    ① 知道一些        ② 知道，很清楚

    ③ 不是很清楚      ④ 不清楚

6. 您需要了解对性传播疾病的知识吗？

    ① 很需要    ② 需要    ③ 不需要    ④ 不清楚

7. 您需要了解优生优育的知识吗？

    ① 很需要    ② 需要    ③ 不需要    ④ 不清楚

8. 您需要知道节育的知识吗？

① 很需要　　② 需要　　③ 不需要　　④ 不清楚

9. 您需要了解产前检查的重要性吗？

① 很需要　　② 需要　　③ 不需要　　④ 不清楚

10. 通常您从哪个媒体接受的健康知识更多些？

① 广播　　　② 报纸　　③ 杂志　　　④ 电视

⑤ 网上　　　⑥ 书籍

11. 您认为当前最需要的卫生健康服务是：

① 生殖健康咨询服务　　　② 检查治疗妇科疾病

③ 产前检查服务　　　　　④ 避孕节育措施服务

⑤ 高质量的节育手术　　　⑥ 节育术后服务及治疗

⑦ 性传染病防治服务

## 四、接受教育培训的需求

1. 您是否参加过以识字为主的扫盲班？

① 是　　　　② 否

2. 您觉得接受扫盲教育后对自己是否有用？

① 很有用　　② 一般　　　③ 没有用　　④ 不好说

3. 您认为自己的知识结构是否适应当前农牧区发展的需要？

① 适应　　　② 基本适应　　③ 不适应

4. 在社会转型期，您认为自己应付及解决生活问题的知识与能力处于何状态？

① 足够　　　② 还可以　　　③ 较为欠缺　　④ 十分欠缺

5. 您是否参加过相关组织举办的教育培训活动？

① 有　　　　② 没有

6. 您所在单位、社区或乡镇举办关于妇女教育培训的活动如何？

① 经常　　　② 偶尔　　　③ 从来没有

7. 一年中，您参加的各类培训合计时间为：

① 半天      ② 1~2 天      ③ 3~4 天

④ 1 周      ⑤ 半个月      ⑥ 1 个月及以上

⑦ 从来没有      ⑧ 其他（请说明）

8. 您曾参加教育培训是因为（多选）：

     ① 组织安排      ② 自主参加      ③ 职业需求      ④ 转岗需要

     ⑤ 长辈要求      ⑥ 朋友影响      ⑦ 其他（请说明）

9. 影响您或周边女性参加教育培训的主要因素是（可多选）：

     ① 培训内容缺少趣味      ② 培训时间缺少选择性

     ③ 工学矛盾      ④ 费用高

     ⑤ 学习地点不便利      ⑥ 不知道该学什么

     ⑦ 其他（请说明）

10. 您希望的教育培训时段最好安排在（限选 1 项）：

     ① 上班时间      ② 晚上时间      ③ 白天时间

     ④ 周末时间      ⑤ 不限

11. 您最希望的教育培训地点是（限选 2 项）：

     ① 单位内      ② 本社区内      ③ 市内

     ④ 省内（外）      ⑤ 国外

12. 您希望教育培训能达到的效果是（多选）：

     ① 提升技能与业绩      ② 解决具体问题

     ③ 提高生活品质      ④ 更新观念      ⑤ 适应未来

13. 您对西藏农牧区妇女教育方面的其他意见或建议。

图书在版编目（CIP）数据

西藏农牧区妇女教育现状分析与对策思考／嘎强琼
达著. -- 北京：社会科学文献出版社，2017.10
西藏历史与现状综合研究项目
ISBN 978 - 7 - 5201 - 1215 - 4

Ⅰ.①西…　Ⅱ.①嘎…　Ⅲ.①农村 - 妇女教育 - 研究
 - 西藏　Ⅳ.①G776

中国版本图书馆 CIP 数据核字（2017）第 193912 号

· 西藏历史与现状综合研究项目 ·

西藏农牧区妇女教育现状分析与对策思考

著　　者／嘎强琼达

出 版 人／谢寿光
项目统筹／宋月华　袁清湘
责任编辑／周志静

出　　版／社会科学文献出版社·人文分社（010）59367215
　　　　　　地址：北京市北三环中路甲 29 号院华龙大厦　邮编：100029
　　　　　　网址：www. ssap. com. cn
发　　行／市场营销中心（010）59367081　59367018
印　　装／三河市尚艺印装有限公司

规　　格／开　本：787mm × 1092mm　1/16
　　　　　　印　张：11.5　字　数：146 千字
版　　次／2017 年 10 月第 1 版　2017 年 10 月第 1 次印刷
书　　号／ISBN 978 - 7 - 5201 - 1215 - 4
定　　价／68.00 元